조선왕실의
출산문화

한국학중앙연구원 장서각 편

주영하   한국학중앙연구원 한국학대학원 교수, 민속학

황문환   한국학중앙연구원 한국학대학원 교수, 국어학

김동석   민족문화추진회 국역위원

윤진영   한국학중앙연구원 장서각연구실 전문원

조선왕실의 출산 문화

1판 인쇄   2005년 10월 10일

1판 발행   2005년 10월 15일

편 집 인   한국학중앙연구원 장서각

발 행 인   송 미 옥

발 행 처   이회문화사

주   소   서울특별시 동대문구 답십리동 488-338 부영빌딩 503호

전   화   02-2244-7912~3

팩   스   02-2244-7914

전자우편   ih7912@chol.com

출판등록   제6-0532호(1992년 5월 2일)

ISBN 89-8107-355-4 (03380)

정 가 13,000원

간행사

2005년 장서각 특별전인 '조선왕실의 여성'과 관련하여 장서각에서는 『조선왕실의 출산문화』라는 자료집을 간행하였습니다. 조선왕실에 관한 연구와 전시회는 많은 선행 결과물이 있으나, 이번 특별전의 주제와 같이 왕실여성이 조명된 적은 매우 드문 실정입니다. 왕실여성은 조선왕실의 왕손을 출산하며, 왕실문화를 조성한 장본임에도 정치적으로 비중 있는 모습이 아니었다는 이유 때문에 이제야 관심을 가지게 된 것은 오히려 늦은 감이 있다고 여겨집니다.

이 자료집은 왕실여성의 삶에서 큰 비중을 차지하는 임신과 출산에 관련된 부분을 중심으로 해서 편집하였습니다. 왕실의 출산은 왕조의 명운을 짊어질 왕위 계승자를 잇는 중요한 의식이었으므로 민간과는 달리 독특한 왕실문화를 조성하였습니다. 이번 자료집에서는 왕실문화의 일 단면인 임신과 안태에 관련하여 장서각 귀중본 중에서 아직 학계에서 연구가 미진한 자료들을 소개하게 되었습니다.

임신에 관련해서는 기존 학계에서 유일한 왕실 관계 자료라고 판정하고 있는 『림산예지법』을 현대어로 바꾸어 실었으며, 안태는 왕손의 태를 명산에 안장하는 과정을 기록한 『안태등록』을 표점, 번역하였습니다. 그러므로 이 자료집은 중요 전시물을 자료의 형태로 제공하며, 여기에 대한 번역과 소개 논문을 담은 책자로서 이번 장서각 특별전의 주제와 가장 부합되는 성격의 책이라고 생각합니다. 그리고 장서각 특별전과 관련하여 우리 연구원의 자료를 출판의 형태로 공개하여 관련학자들이 연구 자료로 활용할 수 있는 방안의 하나라고 봅니다.

앞으로 이 자료집이 조선왕실과 관련된 학계에서 폭 넓게 활용되어 좋은 연구 성과가 있으시기를 기내합니다.

2005년 10월

한국학중앙연구원 장서각 관장
정순우

차 례

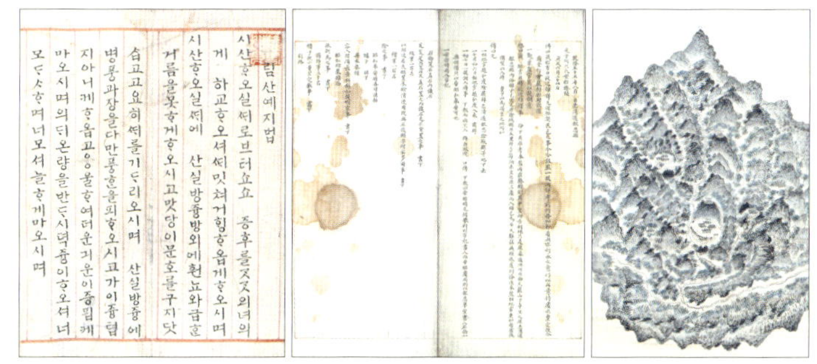

살음의게의지ᄒ여셔시고져기위오신후즉시
붓들녀힝보ᄒ오시며
가이허리를구푸리오시거나안ᄌ오시거나눕ᄌ
오시거나침슈ᄒ오시지마오시며
복통이안이거오실ᄯᅢ에ᄂᆫ좌와를임의로ᄒ오시
고ᄌ로곽탕의빅슈라를화ᄒ여 ᄂᆞ오시며
만일심즁이ᄭᅦ민ᄒ오시거든빅쳥ᄒ두술을ᄃᆞᆺ사
ᄒ물에표 진ᄒ오시며
복통이비록긴ᄒ오신ᄯᅢ나곽탕에빅슈라를화ᄒ
여ᄆᆨ이덥게ᄒ여강면ᄒ여ᄌᆞ로 ᄂᆞ오셔원긔
를돕ᄌ오시게ᄒ오시며
당월에ᄂᆞᆫ구ᄃᆞᆫ슈라와ᄎ진병식과무
른포육과무른어물과유니ᄒ온것과지짐ᄒ온
쇼화기어려온거슨 ᄂᆞ오시지마오시며
희만아니ᄒ오신젼은비록번갈ᄒ오실지라도블
을 ᄂᆞ오시지마오시고가이쳥미음으로다음
을디신ᄒ여 ᄂᆞ오시게ᄒ오쇼셔

희만후근신제방

희만ᄒ오신후즉시평안이눕ᄌ오시고픠신부녀
로ᄒ여곰셔셔히요부와각부발피오시기를무
수이ᄒ오시며
하월에ᄂᆞᆫ방즁이너무덥게마오시며ᄯᅩᄒ사름이
만아긔운이훈증게마오시며
음식을과포치마오시고ᄯᅢ로깅반을 ᄂᆞ오셔날
노졈졈더 ᄂᆞ오시고싱링과단단ᄒ온것슬일

臨産豫知法

임산예지법

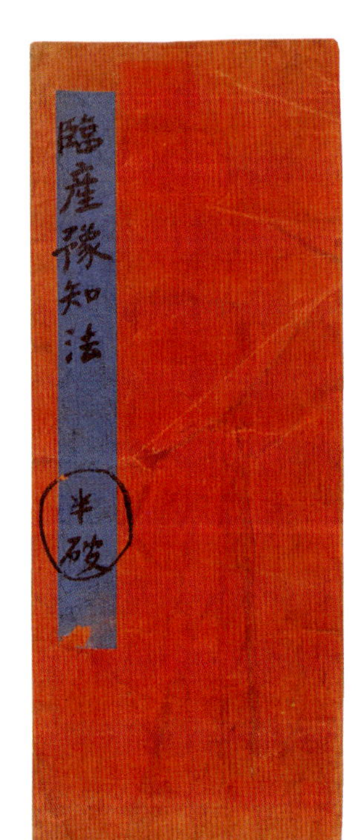

울으시ᄂᆫ소리굿치지아니ᄒ오신ᄯᅢᄂᆫ문득졋을
ᄂᆞ오시지마오쇼셔

셰욕법

희만ᄒ오신후데삼일에쇄욕공오실탕슈를약위
이당일에맛당아젼입ᄒ올거시오니다만슈건
에략략히믓치와빗자오시도오리마오시며일
후셰욕ᄒ오실제도미양제담즙을죠곰식넛ᄌ
오쇼셔

보호법

물읏쇼인긔뷔실치못ᄒ오너의복과덥즙기를듯
거이마오셔ᄯᅳᆷ이나오시지아니게ᄒ오시고빅
일후에텬긔화란ᄒ고바람업ᄉ오날에ᄌᆞ로힛
빗츨뵈오시며
...고눕ᄌ오시지아니ᄒ오시면근골이
...오ᄃᆞᆯ당기ᄌᆞ로눕ᄌ오시게

림산예지법

시산ᄒᆞ오실ᄯᅢ로브터쇼오 증후를ᄌᆞᆺᄌᆞᆺ의녀의
게 하고ᄒᆞ오셔ᄯᅥ밋쳐거ᄒᆡᆼᄒᆞ옵게ᄒᆞ오시며
시산ᄒᆞ오실ᄯᅢ에 산실방즁방외어ᄒᆞᆫ뇨와급ᄒᆞᆫ
거름을못ᄒᆞ게ᄒᆞ오시고맛당이문호를구지닷
습고요히ᄯᅥ를기ᄃᆞ리오시며 산실방즁에
병풍과장을다만풍ᄒᆞᆫ을피ᄒᆞ오시고가이즁텹
지아니께ᄒᆞ옵고ᄋᆞ울ᄒᆞ여더운긔운이즁핍케
마오시며의되온량을반ᄃᆞ시뎍즁이ᄒᆞ오셔너
모ᄃᆞ소ᄒᆞ며너모셔늘ᄒᆞ게마오시며
시산ᄒᆞ오실ᄯᅢ에ᄇᆞᆫ고ᄒᆞ고유식ᄒᆞ고순군ᄒᆞᆫ부녀
삼ᄉᆞ인을갈ᄒᆞ여좌우에붓드러뫼시게ᄒᆞ옵고
년쇼ᄒᆞ고셩졍이경조ᄒᆞᆫ사름과다못ᄒᆡᆼ경ᄒᆞᄂᆞᆫ
사름은일졀츌입을말게ᄒᆞ오시며
림산ᄒᆞ오실ᄯᅢ에셩셔를당ᄒᆞ오시면맛당이집고
고요ᄒᆞᆫ집히빗먼곳에거쳐ᄒᆞ오시고창호도여
르시고만이맑근물을담아노ᄋᆞ사열긔를막게
ᄒᆞ오시며
복통이비록긴ᄒᆞ오시나경동치마오시며힘주오
시믈일즉마오셔기ᄃᆞ리시고ᄌᆞ연힘주오시거
든가의ᄒᆞ여힘을쥬오시며
가의ᄒᆞ여평안이믄음을너기럽게ᄒᆞ오시고공겁
지마오시며
복통이비록긴ᄒᆞ오시나사름을붓드오시고완완
이ᄒᆡᆼ보ᄒᆞ오시고만일곤ᄒᆞ오실ᄯᅢ져오시거든

절금긔ᄒᆞ오시며
유즙이쳐음모이신ᄯᅢ의비록긴이알프오시나쳠
조옵시고손으로셔셔이쥬무르오셔유즙을유
하ᄒᆞ오시게ᄒᆞ와응쳬결히ᄒᆞ오실환이업게ᄒᆞ
오쇼셔

히틔독법

아기시탄강ᄒᆞ오신후쇼리나오기를기다리지마
오시고뫼신부녜급히보ᄃᆞ온면쥬로올흔손
뎨이지에감아황련감초탕에ᄌᆞᆷ가구즁을두로
볫ᄌᆞ오시고도손가락에ᄉᆞᆯ쥬사를뭇쳐구즁에
두로발나ᄉᆞᆷ긔오시게ᄒᆞ오시고즉시졋을ᄂᆞ
오시지마오시고ᄭᅮᆯ쥬사를다ᄉᆞᆷ긔오시기를기
ᄃᆞ려호도육을콩만치보ᄃᆞ온깁에빠와구즁
에먹음으시게ᄒᆞ오쇼셔

단졔법

틔쥴을비곱브터두치남득이머무르오시고실
단단이민온후에ᄉᆞᆷ가싼ᄌᆞ오시고일졀잡아달
로이게마오시고즉시힛소음으로덥ᄌᆞ와ᄉᆞᆷ가
풍한을피ᄒᆞ오쇼셔

진유법

졋을ᄂᆞ오실ᄯᅢ미양볏ᄇᆞ리온후ᄂᆞ오시고밤
조졋을도ᄒᆞ미양볏ᄇᆞ리온후ᄂᆞ오시고비록
ᄌᆞ로ᄂᆞᆫᄂᆞ오시나미양부죡히ᄂᆞ오시고ᄒᆞᆫ
번에과히ᄂᆞ오시게마오시며
유모잡자울ᄯᅢᄂᆞᆫ졋을아ᄉᆞ시며

安胎膳錄

안태등록

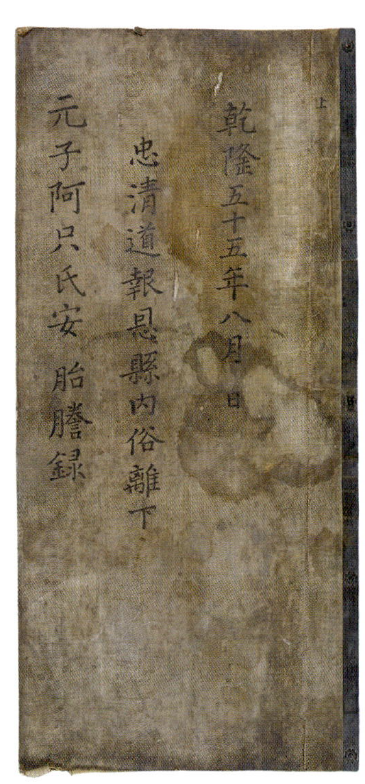

乾隆五十五年八月　日
忠清道報恩縣内俗離下
元子阿只氏安　胎膳錄

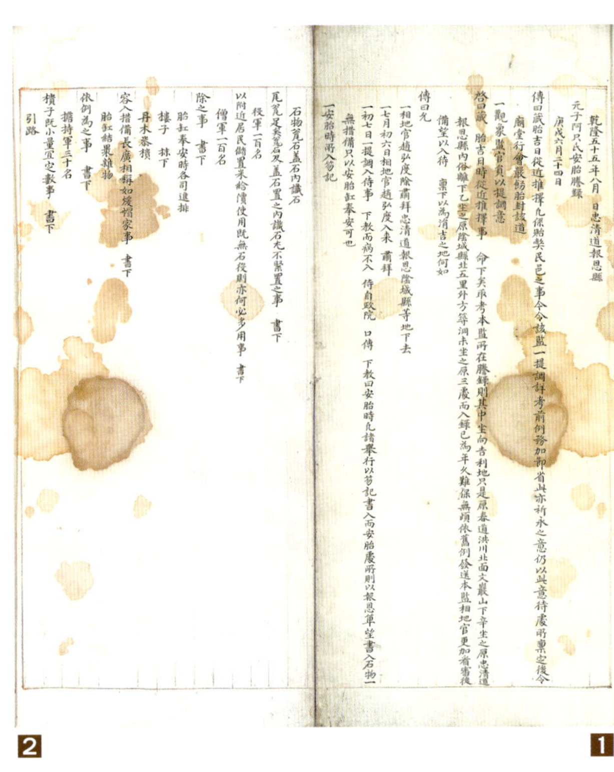

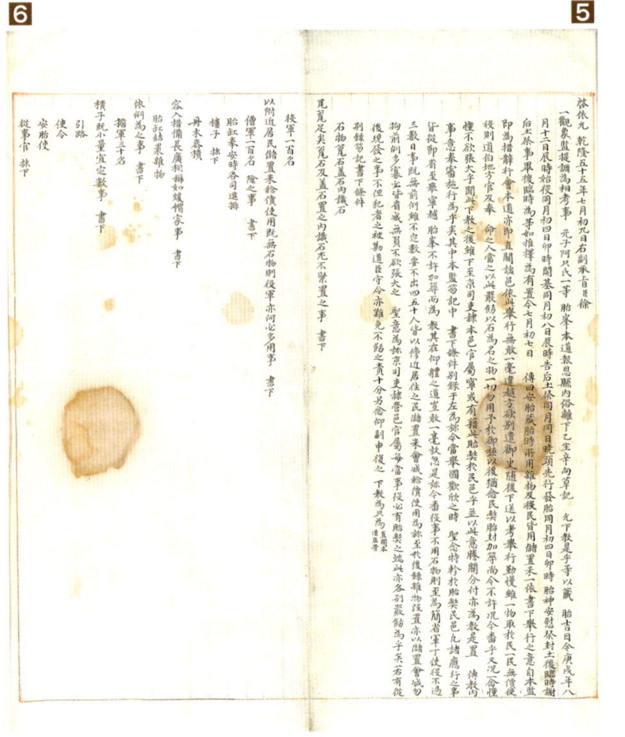

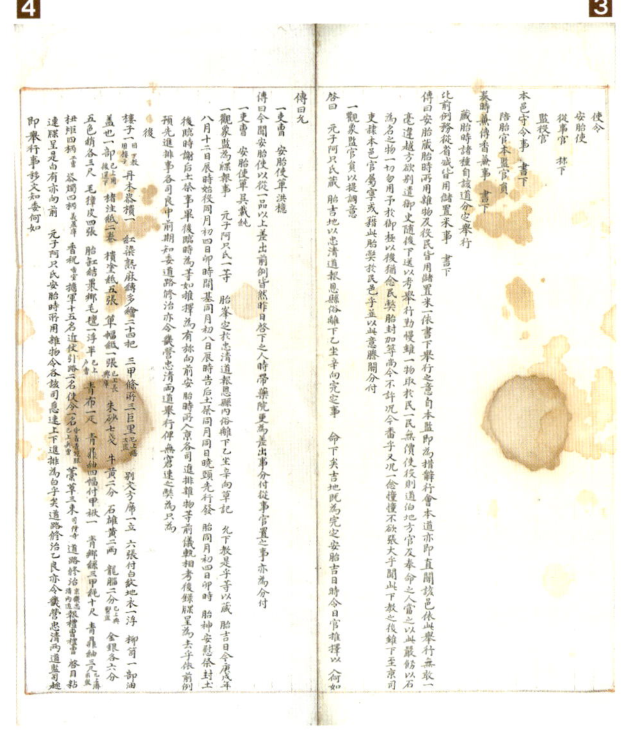

胎封圖 태봉도

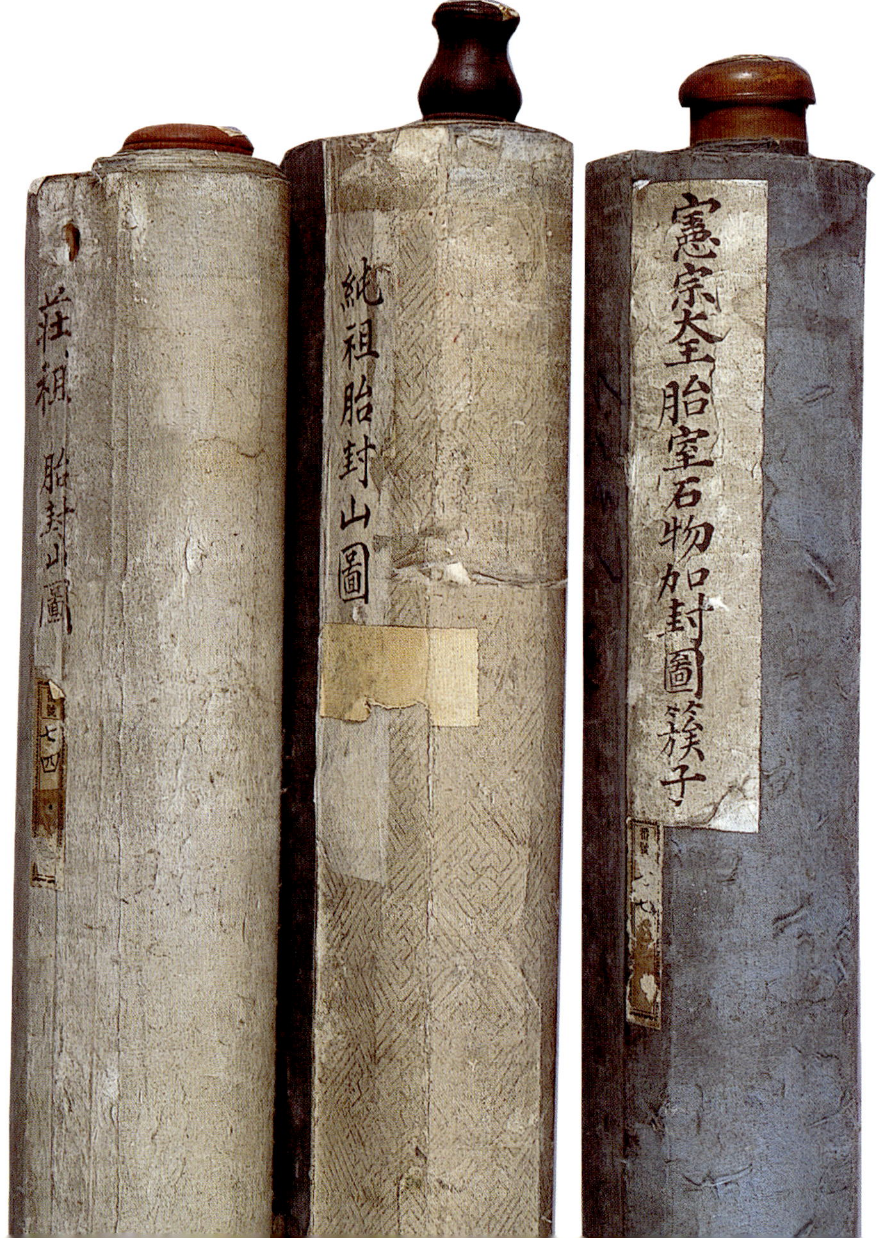

純祖胎封山圖

1

조선왕실의 출산 풍속
: 아들기원에서 돌잔치까지

조선왕실의 출산 풍속 : 아들 기원에서 돌잔치까지

周永河

(한국학중앙연구원 한국학대학원 교수, 민속학)

1. 들어가는 말

일반적으로 조선시대 출산과정은 혼인한 부인이 아이를 갖도록 기원하는 일, 아이를 갖게 되는 잉태(孕胎), 임신부가 아이를 낳기 이전까지 하게 되는 태교(胎敎), 아이를 낳는 출산(出産)과 태(胎)의 처리, 임산부의 몸조리, 그리고 태어난 지 만 1년이 될 때 행하는 일세(一歲) 초도(初度)인 돌까지를 통틀어 말한다. 그런데 조선시대 왕실과 민간의 전체 출산 과정이 구체적으로 어떻게 행해졌는지에 대한 문헌자료는 그다지 많지 않다.

그래서 최근까지도 20세기 이후 민속학자들에 의해서 진행된 민간의 풍속 조사 결과를 통해서 그 대강을 짐작만 했을 뿐이다. 그러나 민속학자의 자료 역시 계층과 시대의 구분을 크게 염두에 두지 않고 행해진 것들이 주를 이루기 때문에 일정한 한계를 보인다.[1]

최근 이필영·신명호·김호 등 역사학자들이 허준(許浚, 1546~1615)의 『동의보감(東醫寶鑑)』, 『산실청총규(産室廳總規)』(杏雨書屋 소장본), 『갑술팔월일(甲戌八月日) 최숙의방(崔淑儀房) 호산청일기(護産廳日記)』(한국학중앙연구원 장서각 소장), 「림산예지법」(한국학중앙연구원 장서각 소장) 등의 관련 문헌자료와 『조선왕조실록』의 기록을 이용하여 조선왕실 출산 풍속에 대한 구체적인 모습을 제시하는 성과를 냈다.[2]

그러나 앞에서 든 문헌 중에서 『호산청일기』와 『조선왕조실록』을 뺀 나머지 것들은 주로 왕실의 출산과 관련된 규정을 적은 자료이기 때문에 실제 출산풍속의 전모를 살피는 데는 일정한 한계가 있는 것도 사실이다. 다만 나는 앞의 문헌들과 선행연구의 성과를 근간으로 하여 조선왕실의 출산 풍속에 대해서 이 글에서 간단하게 소개하려 한다.

2. 아들낳기 기원[3]과 태교

조선왕실에서 아들을 낳기 위해 특별한 의례를 행했다는 기록은 드물지만 『명종실록』에 보인다. 명종 18년(1563) 12월 2일의 기록에는 "대전(大殿)에서 환관을 몰래 외부로 보내 영험이 있는 산천에 가서 초제(醮祭)를 지내어 아들 낳기를 빌고, 또 사전(祀典)에

---

1. 주영하, 「출산의례의 변용(變用)과 근대적 변환(變煥):1940~1990」, 『한국문화연구』제7집, 서울:경희대민속학연구소, 2003.

2. 이필영, 「민속의 지속과 변동-출산의례 중의 안태를 중심으로」, 『역사민속학』, 서울:역사민속학회, 2001; 신명호, 「조선시대 궁중의 출산풍속과 궁중의학」, 『고문서연구』제21호, 서울:고문서학회, 2002; 김호, 「조선후기 왕실의 출산 지침서:림산예지법」, 『醫史學』제13권 제2호, 서울:大韓醫史學會, 2004.

3. 일반적으로 민속학에서 아들 낳기 기원 풍속을 '기자의례(祈子儀禮)'라고 부르지만, 이것은 일본 민속학에서 사용하는 용어이다. 따라서 '기자의례'라는 용어는 가능하면 사용하지 않는 것이 옳다.

기록되지 않은 산천·구릉(丘陵)·천정(泉井) 중에서 영험 있는 곳을 찾아 보고하게 하였다"는 것이 있다. 아마도 인순왕후(仁順王后, 1532~1575)가 순회세자(順懷世子, 1551~1563)가 요절하자 다시 아들을 낳기 위해 몰래 초제를 지냈던 모양이다. 그런데 초제는 일월성신(日月星辰)에게 제사를 지내 소원을 비는 행위이다. 적어도 임진왜란 이후 소격서(昭格署)가 폐지되기 이전까지 도교적인 종교의례가 왕실의 아들 낳기 풍속에도 영향을 미쳤음을 이 기록을 통해 알 수 있다. 그래서 그 이후 이와 관련된 구체적인 기록이 실록에서 발견되지 않는다.

다만 순조 12년(1812) 7월 7일 왕세자를 책봉한 반교문(頒敎文)에서 "하늘이 보호하여 도우시는 권념(眷念)을 내려 아들 낳기를 바라매 상서로움을 나타내었고, 비상한 길조는 영장(靈長)으로서의 틀림없음에 맞아 헌칠한 풍채로 태어났다"고 적은 것으로 보아 아들을 낳기 위한 특별한 기원행위가 여전히 유지되었을 가능성을 짐작한다. 사실 민간에서는 석불이 영험하다고 하면 지극하게 기도를 하거나 석불의 코를 갈아서 마시는 등 아들을 낳기 위한 각종 아들 낳기를 기원하는 풍속이 상당히 유행하였다. 그러니 비록 왕비가 아들을 낳지 못하면 후궁을 두어서라두 아들을 낳을 수 있었던 조선왕실에서 민가에서와 같이 아들 낳기 기원 풍속이 강력하지는 않았을 것이라 여겨진다. 다만 왕비나 후궁이 원자(元子)를 낳아 자신의 권력을 확보해야 했기 때문에 각종 약재처방이나 비공식적인 아들 낳기 기원 풍속이 존재했을 것이라 추정된다.

왕비가 잉태를 했다는 소식이 전해지면 곧장 태교(胎敎)의 과정에 들어간다. 『중종실록』에는 중종 12년(1515) 10월 1일의 홍문관 부제학(弘文館副提學) 김근사(金謹思) 등이 올린 상소문에 당시 지식인의 태교에 대한 인식이 보인다. 즉 중국의 선유(先儒)들의 말을 빌어서 "강보(襁褓)에 싸여 있어 아직 지각이 없다고는 하나, 예로부터 태교(胎敎)라는 것이 있는데, 더구나 자라나는 오늘날이겠습니까? 일찍이 금중(禁中)에 들어와 강보에 있을 때부터 바탕이 있도록 교양하여, 두세 살 어린 나이의 희롱에 있어서도 절도 없는 데에 접하지 말고 좌우의 듣고 보는 것이 모두가 바른 법도에 맞도록 하면, 습관과 성질이 이룩되어 착하지 않으려 하더라도 그럴 수가 없을 것입니다"고 하여 태교의 중요성을 강조한다. 또 중국 주나라 문왕(文王)의 덕(德)은 모두 그의 어머니가 잉태 이후 행한 태교에서 비롯된 것임을 누차 강조하는 내용이 『조선왕조실록』의 여러 곳에 나온다. 그만큼 왕실의 원자(元子)를 잉태한 이후 왕실의 안녕을 위해서 태교는 왕과 신하들 사이에서도 논해졌다.

이렇게 태교의 중요성이 강조되면서 조선후기 사주당 이씨(師朱堂李氏, 1739~1821) 부인은 『태교신기(胎敎新記)』란 책을 펴내서 본격적으로 태교의 방법을 문자로 기록하였다. 이 책에는 부부가 교합을 할 때부터 태교가 시작된다고 보고, 그 마음가짐을 자세히 적고 있을 정도이다.[4] 비슷한 시기에 살았던 빙허각 이씨(1759~1823)가 쓴 『규합총서(閨

4. 김호, 「태교신기」, 『문화와 나』2004년봄호, 서울:삼성문화재단, 2004.

5. 鄭良婉譯, 『閨閣叢書』,
서울:寶晉齋, 1987, 325쪽.

閣叢書)』「청낭결」에도 태교에 대해 논하면서 『내칙(內則)』을 인용하여 다음과 같이 적었다. "옛날 아낙네가 아기 가지면, 결코 거꾸로 자지 않으며, 결코 모퉁이로 앉지를 않으며, 빗딛지 않으며, 벤 것이 바르지 않으면 먹지 않으며, 자리가 바르지 않으면 앉지 않으며, 눈에 사기로운 빛을 보지 않으며, 귀에 음란한 소리를 듣지 않으며, 입에 그른 말을 내지 않으며, 밤이면 소경을 시켜 시를 외우게 하여 듣고, 바른 일을 말하였다"[5]고 하면서 이와 같이 하여 아들을 낳으면 모습이 단정하며 재주가 남보다 뛰어날 것이라고 하였다. 18세기에 민간에서까지 태교의 중요성이 이렇게 강조된 것은 모두 왕실의 영향을 받은 것이며, 다른 한편에서 실천 성리학이 조선사회에 널리 퍼진 탓이었다.

3. 해산, 안태, 산후몸조리

6. 신명호, 앞의 글 참조.

왕실에서 왕비가 잉태를 하면 곧장 산실청(産室廳)을 설치하였다. 왕비의 임신은 궁중의 내의원 대령의관(待令醫官)이 진맥을 통해서 확인을 했다. 『육전조례(六典條例)』의 「산실청조」에 의하면, 왕비의 임신이 확인된 이후 출산예정보다 보통 3개월 전에 내의원에서 산실청 설치를 요청하였고, 설치 당일에 의례적으로 산실청의 대령의관이 진맥을 하였다.[6] 비록 조선왕실에서 산실청을 공식적으로 처음 설치한 때는 선조 36년(1603) 3월로 알려지지만, 그 이전에도 산실을 별도로 두어 출산을 준비했다. 산실청의 실무 담당자로는 도제조(都提調) 아래에 의관(醫官)·행정관·주시관(奏時官)·권초관(捲草官)·원역(員役) 등 수십 명이 배치되었다. 특히 의관 중에는 어의(御醫)·내의(內醫)·침의(鍼醫)·의약동참(議藥同參)·의녀(醫女) 등이 배치되어 왕비의 몸 상태를 왕에게 정기적으로 보고하였다. 또한 산실청을 설치한 이후에는 왕비의 순산을 위하여 궁궐 안에서 형벌을 가하지 않았으며, 짐승을 도살하거나 시끄럽게 떠드는 일을 삼갔다.[7]

7. 신명호, 앞의 글 참조.

8. 김호의 연구에 의하면, 일본인 학자 미키사카에 (三木榮, 1903~1993)가 그의 책 『조선의서지(朝鮮醫書誌)』에서 「림산주의서(臨産注意書)」란 제목으로 한 쪽을 소개한 것이 바로 장서각 소장의 『림산예지법』의 첫 번째 한 쪽이다. 따라서 미키사카에는 장서각 소장의 『림산예지법』을 두고서 「림산주의서」라고 했음을 확인한다. 이 문서는 언문(諺文)으로 작성되었고, 경어체를 쓴 것으로 보아, 왕실의 왕비가 출산을 하기 전에 미리 알아야 할 내용을 적은 것으로 보인다.

한국학중앙연구원 장서각 소장본인 「림산예지법」(청구번호S06-04-0861)[8]에 의하면, 왕실에서 출산을 할 때 주의해야 할 점을 상세하게 적고 있다. 그 내용은 대략 다음과 같다. 출산하는 장소, 산통(産痛)이 자주 생길 때 주의할 내용, 해산 예정 달에 조심해야 할 음식, 해산 직후 몸조리 하는 방법과 주의해야 할 음식, 태독(胎毒)을 제거하는 방법, 배꼽 처리 방법, 젖먹이는 방법, 갓 태어난 아이 목욕시키는 방법, 그리고 옷 입히기와 날씨에 대처하는 방법 등을 적고 있다.

그 중에서 출산하는 장소에 대한 내용을 옮겨보면 다음과 같다. "처음 아기를 낳으려 하실 때부터 사소한 증세를 가지가지 의녀(醫女)에게 하교(下敎)하시어 때에 맞추어 거행하게 하시며, 산실(産室) 방 안이나 방 밖에서 시끄럽게 떠들거나 급하게 걷는 것을 못하게 하시고, 마땅히 문을 굳게 닫으시고 고요히 때를 기다리시며, 산실 방 안에 병풍과 장을 두르되 다만 바람과 추위를 피할 뿐 가히 두 겹으로 두르지 않도록 하시고, 사방이 막혀서 더운 기운이 몸에 닥치는 것을 피하고, 의복을 반드시 알맞게 하여 너무 따뜻하거나 너무 서늘하게 마시며"라고 하면서, 또한 "복통(腹痛)이 비록 심하더라도 가벼이 행동치 마시며, 힘줌을 일찍 하지 마시어 기다리시고, 자연스레 힘주시게 되거든 의도적으로 힘을 주시며 의도적으로 평안히 마음을 너그럽게 하고 두려워하지 마시며"라고 적었다.[9]

왕비가 해산할 기미를 보이면 산실청에서 길(吉)한 방향에 짚으로 산(産) 자리를 깔고 방의 사방에 순산을 비는 부적을 붙이고, 의관을 언제든지 부를 수 있도록 방울을 매달았다. 이것을 권초례(捲草禮)라고 불렀다. 소격서가 폐쇄되기 이전에는 도교의 부적을 산실에 붙이는 등 특별한 종교적인 의례를 행해지만, 임진왜란 이후 이런 의례는 왕실에서 사라졌다. 다만 영조의 생모인 숙의(淑儀) 최씨의 경우를 신명호의 연구[10]에 근거하여 살펴보면 다음과 같다. 먼저 산 자리를 설치하는 날 이것을 거두어 매달 자리에 못을 박았다. 그리고 붉은 색 끈을 매달아 두었다가 해산 당일 산 자리를 붉은 실로 매달아 문 위에 묶어두었다. 그리고 산실청이 해체되는 해산 후 7일째 이것을 거두었다. 그리고 산 자리는 권초관에 의해서 불 태어졌다.

9. 황문환 교수의 번역을 일부 옮겼다.

10. 신명호, 앞의 글.

「림산예지법」에는 왕실에서 출산을 할 때 주의해야 할 점을 상세하게 적고 있다. 출산하는 장소, 산통이 자주 생길 때 주의할 내용, 해산 예정 달에 조심해야 할 음식, 해산 직후 몸조리 하는 방법과 주의해야 할 음식, 태독을 제거하는 방법, 배꼽 처리 방법, 젖먹이는 방법, 갓 태어난 아이 목욕시키는 방법, 그리고 옷 입히기와 날씨에 대처하는 방법 등

왕실에서 해산을 한 이후 임산부가 갖추어야 할 몸가짐도 중요하다. 「림산예지법」에는 다음과 같이 적고 있다. "해산하신 후 즉시 평안히 누우시고, 모시고 있는 부녀로 하여금 서서히 허리 부분과 발 부분을 무수히 밟게 하시며 여름에는 방 안이 너무 덥게 마시며, 또한 사람이 많아 찌는 듯이 덥게 하지 마시며, 음식을 지나치게 많이 드시지 마시고, 때때로 국과 밥을 드시어 날이 갈수록 점점 더 드시고, 날 것과 찬 것 그리고 단단한 것을 절대 잡수지 마시며, 젖이 처음 모였을 때에 비록 매우 아프시더라도 참고 손으로 서서히 주물러 젖을 흘러내리게 하시어 뭉쳐 응어리지지 않도록 하소서"라고 했다. 그런데 실제 오늘날 우리는 계절과 상관없이 임산부의 몸을 따뜻하게 해야 한다고 믿는다. 하지만 「림산예지법」에서는 여름에는 너무 덥게 하지 않도록 권하고 있다. 또한 해산을 앞둔 임신부에게 미역국을 먹게 하여 순산하도록 도왔다. 오늘날 해산 이후 미역국을 먹는 풍속과는 다르다.

해산을 한 후 3일째 되는 날 왕실의 임산부는 세욕(洗浴)을 할 수 있었다. 그러나 세욕하는 방법은 내의원이 끓인 물을 당일 가지고 오면 단지 수건에 뜨거운 물을 약간씩 묻혀 씻되 오래 씻지 말고 다음 날부터 세욕할 때는 돼지 쓸개즙을 조금씩 뜨거운 물에 넣어야 한다고 했다. 그리고 해산 후 7일째 되는 날 산실청을 해체하고 관계자 모두에게 상을 내린다. 하지만 해산 과정에서 왕비가 사망할 경우, 산실청에 속했던 관리들은 모두 형벌을 받기도 했다.

민간과 마찬가지로 왕실에서도 출산을 하면 안태(安胎)를 특별히 중하게 여겼다. 조선 시대 유학자들은 태(胎)는 한 사람의 인생이 비롯되는 것이기 때문에 그의 현명하고 우둔 함, 그리고 인생의 출세가 모두 태에 달렸다고 믿었다.[11] 더욱이 왕실의 경우, 국가의 운세 가 왕태자에게 달렸기 때문에 안태를 민간과 달리 특별하게 취급하였다. 보통 민간에서 는 태를 흐르는 물에 깨끗하게 씻은 후, 짚에 말아서 불에 태우는 풍속을 지니고 있었지 만, 왕실에서는 태를 항아리에 담아 산실의 좋은 방향에 둔다. 이필영의 연구[12]에 의하면, 해산 후 3일에서 7일 안에 세태일(洗胎日)을 별도로 정한 다음 백번을 씻고 약제로 처리 를 한다. 그 다음에 태를 태항아리에 넣고 기름종이와 태의(胎衣)로 싸서 큰 항아리에 넣 고, 항아리 한 복판에는 개원통보(開元通寶) 한 개를 놓는다. 관상감(觀象監)에서 안태일 을 정하면, 안태사(安胎使)가 태항아리를 함에 넣고 정해진 절차에 따라 제사를 지낸다. 다음에 미리 정해둔 태봉(胎峰)에 안치하는 절차를 거친다. 태봉은 국왕·왕비·대군· 군·공주·옹주, 그리고 세자의 자녀에 한해서 마련되었다.

11. 이필영, 앞의 글 17~18 쪽 참조.

12. 이필영 앞의 글 17~18 쪽 참조.

4. 백일과 돌잔치

갓 태어난 아이가 왕의 적장자인 원자(元子)일 경우, 왕실에서는 대대적인 행사를 하여 그 탄생을 축하하였다.[13] 출산 당일에 출산반포를 하고, 고사묘(告社廟)·진하(陳賀)·반 교(頒敎)·사면(赦免)·경과(經科) 등의 의례와 축하연이 벌어졌다. 보통 사직과 종묘에 원자 탄생을 알리는 고사묘는 탄신 3일째에, 나머지 행사는 7일째 행해졌다. 그리고 중앙 과 지방의 관료들이 왕과 왕비에게 축하문과 예물을 올리는 의식인 진하가 행해졌다. 아 울러 인륜을 어긴 죄를 범한 죄인을 제외하고 나머지를 사면하였다. 그리고 원자의 출산 을 축하하기 위한 특별 과거시험으로 경과가 열었다.

13. 신명호, 앞의 글 참조.

당연히 태어난 아이를 보살피는 일도 소홀히 하면 안 되었다. 「림산예지법」에는 아이 의 피부가 단단하지 못하기 때문에 두꺼운 의복을 덮어 두지 말고, 땀이 나지 않게 해야 하며, 백일 후에 날씨가 화창하고 따뜻하며 바람이 없는 날에 자주 햇빛을 보게 해야 한다 고 했다. 즉 탄생한 지 백일이 되는 날 비로소 바깥출입을 했다. 이런 면에서 '백일(百 日)'이 중요한 시간의 마디가 되었다. 그래서 원자가 탄신한 지 백일이 되는 날에는 승 지·각신·약원의 세 제조에게 음식을 하사하기도 했다.[14] 또한 전현직 대신들과 부원군, 그리고 기사노인(耆社老人)들과 함께 종친(宗親)·의빈(儀賓)·산실청(産室廳)의 삼제조 (三提調)를 대조전(大造殿)에서 알현하고 축하를 하기도 했다.[15] 그런데 『조선왕조실록』 에서 원자의 탄생 백일을 축하하는 일이 정조 때 와서 처음 기록으로 나온다. 더욱이 음 식을 하사한 이유가 "원자가 탄생한 지 백일이 되었기 때문"이라고 별도로 적은 것으로 보아, 백일 축하 풍속은 왕실에서 이 때 비로소 시작된 것이 아닌지 여겨진다.

14. 『정조실록』 정조 6년 (1782) 12월 18일.

15. 『철종실록』 철종10년 (1859) 1월 27일.

백일과 함께 탄신 1주년이 되는 돌잔치인 원자초도(元子初度) 역시 정조 때 비로소 기

록에 처음 나온다.[16] 『정조실록』에는 정조 15년(1791) 6월 18일 "이날은 자전의 탄신일이
며 원자의 돌이었다. 집복헌(集福軒)에 갖가지 놀이감을 담은 소반을 차려놓았다. 원자는
사유화양건(四斿華陽巾)을 쓰고 자주색 비단 겹저고리를 입었는데 앉은 모습이 의젓하였
다. 곧 각신과 승지들에게 들어와서 보라고 명하였다. 종실·대신·제신(諸臣)과 대궐에
서 수직하는 낭관, 장수·호위군사·서리·하인·군졸과 큰 길거리에 사는 백성들에게
까지 떡을 내렸"고 적었다. 사실 정조의 왕비인 효의왕후(孝懿王后, 1753~1821)는 슬
하에 아들을 낳지 못했다. 그래서 1790년(정조 14) 수빈(綏嬪) 박씨가 이후 순조(純祖,
1790~1834)가 되는 원자를 낳았고, 그의 돌잔치 모습을 적고 있다.

　이 내용은 『국조보감(國朝寶鑑)』에도 나온다. 즉 "원자의 돌날 온갖 장난감을 담은 소
반을 집복헌(集福軒)에 차려 놓고 대신(大臣)과 경재
(卿宰)에게 들어와 보도록 명하였다. 영돈녕부사 홍
낙성(洪樂性)이 아뢰기를, 삼가 원자께서 입으신 의
복을 보니 절검(節儉)하려는 거룩하신 뜻을 흠앙하지
않을 수 없습니다 하니, 왕이 이르기를 의복의 길이
가 3, 4세 아이와 진배없으며 놀이할 때면 걸음을 떼
놓기도 하고 말하려고도 하니, 숙성하다고 할 만하다
고 하자, 신하들이 일제히 아뢰기를, 튀어나온 이마
와 제왕의 용모가 참으로 대성인의 기상이니, 실로
우리 동방의 끝없는 복입니다 하였다. 신하들로부터
서리·하례(下隷)·군졸과 거리의 백성들에게까지
떡을 내렸고, 특별히 조관(朝官)과 사서인(士庶人)으
로서 유배 이하에 해당되는 죄를 지은 사람의 죄명을
씻어주었다"고 했다.

　따라서 원자의 돌에 민간에서와 마찬가지로 돌상을
내리고, 돌잡이를 했으며, 신하에서부터 백성들에게
까지 떡을 나누어 주고, 사면까지 실시했다. 김홍도
가 1773년(29세) 9월에 후손의 부탁을 받고 와서(瓦
署, 기와와 벽돌의 제조를 담당하던 종6품)에서 숙직
을 하다가 그렸다고 전해지는 『모당팔첩평생도(慕堂
八牒平生圖)』 중에도 돌잔치 모습이 나오는 것으로
보아 돌잔치와 돌잡이는 18세기 조선사회에서 왕실
은 물론이고 민간에서도 상당히 유행을 한 듯하다.

　이 그림을 보면 남자 아이는 바지·저고리에 쾌자
를 입었고, 복권도 썼다. 허리에는 끈을 두르고 자수
가 놓인 두툼한 주머니를 양쪽에 찼다. 발에는 수를

김홍도, 〈初度弧筵〉(慕堂 洪履祥 平生圖에서)

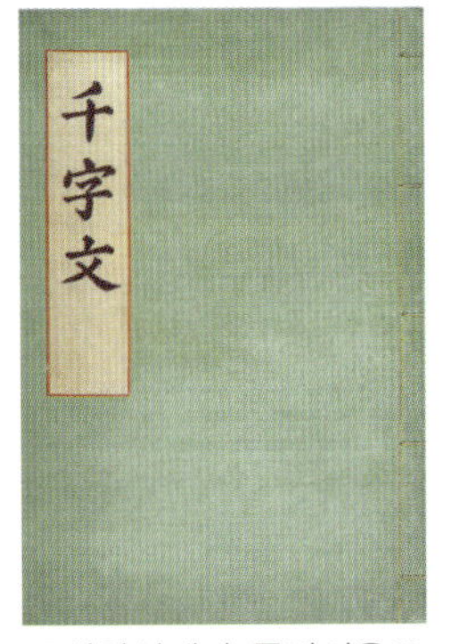

조선왕실에서 돌잡이용으로 사용했던 천자문. 한국학중앙연구원 장서각 소장

17. 주영하, 『음식 속의 그림, 그림 속의 역사 - '조선'의 표상과 실재에 대해 다시 생각하다』, 파주:사계절출판사, 2005, 175~183쪽 참조.

놓은 타래버선을 신었을 것으로 보인다. 그리고 아이 앞에는 돌상이 놓였다. 일반적으로 아이의 성별에 따라 돌상에 올려지는 물건은 약간의 차이가 있다. 남자아이나 여자아이 상관없이 책·붓·벼루·먹·흰실타래·대추 등이 앞의 음식물과 함께 오르지만, 활과 장도는 남자아이 돌상에, 바늘·가위·인두 따위는 여자아이 돌상에 올랐다. 남자아이가 활과 장도를 먼저 잡으면 무관이 되리라 예측하고, 여자아이가 바늘이나 가위를 먼저 잡으면 바느질 솜씨가 좋으리라 여겼기 때문이다. 순조의 경우 먼저 채색 실을 집고 다음으로는 화살과 악기를 집었다고 했다. 그러니 민간의 돌상에 올리는 물건에 더하여 악기도 올랐음을 알 수 있다.

그런데 돌잡이는 우리만의 풍속이 아니다. 중국인들도 아이에게 돌잡이를 시킨다. 예전에는 남자아이의 경우 음식과 함께 책·종이·벼루·주산·장부·장난감 등을 올렸다.[17] 이로 미루어 보아, 중국에서 전해진 돌잡이 풍속이 조선후기가 되면 왕실과 민간에 두루 퍼진 것으로 보인다. 이것은 돌잡이를 통해서 아이의 장래를 점치는 인생관에서 유래한 것이다. 아울러 중국인들이 물건의 이름과 형상에 비유하여 한 사람의 미래를 예측하는 풍속이 돌상과 돌잡이에 담겨져 있다. 따라서 이러한 풍속은 주자의 『가례(家禮)』와 『소학(小學)』이 널리 퍼지면서 함께 유행한 것이 아닌가 여겨본다.

5. 나가는글

앞에서 살펴본 바와 같이 조선왕실의 출산풍속은 민간에서 행해온 것과 비슷한 과정을 통해서 이루어졌다. 그러나 조선이 신분제 사회였기 때문에 각종 의례의 절차와 내용은 신분적 차이를 엄격하게 보였다. 당연히 왕실에서 원자를 출산할 경우, 그 과정은 매우 격조 있게 진행되었다. 특히 태교와 안태, 산모의 몸조리, 그리고 원자 보살핌은 내의원의 의관들이 실무 책임을 전적으로 맡았다. 더욱이 부계 혈통을 틀림없이 이어가야 하는 왕실의 입장에서는 각종 의학 지식을 총동원하여 출산을 도왔다. 오늘날의 입장에서 보면 이러한 의학 지식은 현대의학에서도 원용될 수 있는 소중한 내용들이다. 아울러 조선왕실에서 출산에 대해 어떻게 사유했는가에 대해서도 이들 자료를 통해 미루어 짐작할 수 있다. 이런 의미에서 조선왕실의 풍속에 대한 연구는 오늘날 한국문화의 다양한 자양분을 살찌우기 위해서도 반드시 수행되어야 할 작업이다.

✻34쪽부터 보십시오.

2

출산에 앞서 미리 알아두어야 할 여러 방법
:임산예지법

✻34쪽부터 보십시오.

에 략략히 뭇치와 뺏자 오시되 오릭 마오시며 일

후셰욜ᄒᆞ오실 졔도 민양 졔담즙을 조곰식 넛ᄌ

오쇼셔

보호법

믈읫 쇼이 긔뷔 실치 못ᄒᆞ오니 의복과 덥ᄒᆞᄀᆡ를 듯

거이 마오셔 ᄉᆞᆷ이 나오시지 아니케 ᄒᆞ오시고 빅

일후에 텬긔 화란ᄒᆞ고 ᄇᆞ람 업ᄉᆞ오 날에 ᄌᆞ로 힛

빗츨 뵈오시며

□□□□고 눕ᄌᆞ오시지 아니ᄒᆞ오시면 ᄀᆞ눌이

□□□□□오니 맛당이 ᄌᆞ로 눕ᄌᆞ오시게

〔이하 缺落〕

졋을 ᄂᆞ오실ᄯᅢ 미양 ᄲᅥᄲᅵ리온 후 ᄂᆞ오시고 밤

조졋을 ᄯᅩ흔 미양 ᄲᅥᄲᅵ리온 후 ᄂᆞ오시고 비록

ᄌᆞ로ᄂᆞᆫ ᄂᆞ오시나 미양 부죡히 ᄂᆞ오시고 ᄒᆞᆫ

번에 과히 ᄂᆞ오시게 마오시며

유모 잠자올 ᄯᆡᄂᆞᆫ 졋을 아스시며

울으시ᄂᆞᆫ 소ᄅᆡ 긋치지 아니ᄒᆞ오신 ᄯᆡᄂᆞᆫ 문득 졋을

ᄂᆞ오시지 마오쇼셔

셰욕법

희만ᄒᆞ오신 후뎨 삼일에 셰욕ᄒᆞ오실 탕슈를 약원

이 당일에 맛당이 젼입ᄒᆞ올 거시오니 다만 슈건

졋을 ᄂᆞ오실ᄯᅢ 미양 ᄲᅥᄲᅵ리온 후 ᄂᆞ오시고 밤

조졋을 ᄯᅩ흔 미양 ᄲᅥᄲᅵ리온 후 ᄂᆞ오시고 비록

ᄌᆞ로ᄂᆞᆫ ᄂᆞ오시나 미양 부죡히 ᄂᆞ오시고 ᄒᆞᆫ

번에 과히 ᄂᆞ오시게 마오시며

유모 잠자올 ᄯᆡᄂᆞᆫ 졋을 아스시며

울으시ᄂᆞᆫ 소ᄅᆡ 긋치지 아니ᄒᆞ오신 ᄯᆡᄂᆞᆫ 문득 졋을

ᄂᆞ오시지 마오쇼셔

셰욕법

희만ᄒᆞ오신 후뎨 삼일에 셰욕ᄒᆞ오실 탕슈를 약원

이 당일에 맛당이 젼입ᄒᆞ올 거시오니 다만 슈건

두로 발나 숨기오시게 ㅎ오시고 즉시 졋을 ㄴ
오시지 마오시고 쌀쥬사를 다 숨기오시기를 기
ㄷ려 호도육을 콩만치 보ㄷㄹ온 김에 빠와 구즁
에 먹음으시게 ㅎ오쇼셔

단졔법

탯줄을 빅곱브터 두치 남즉이 머무르오시고 실노
단단이 민온후에 숨가 쓴 ㅈ오시고 일졀 잡아 달
로 이게 마오시고 즉시 힛소음으로 덥ㅈ와 숨가
풍한을 피ㅎ오쇼셔

진유법

두로 발나 숨기오시게 ㅎ오시고 즉시 졋을 ㄴ
오시지 마오시고 쌀쥬사를 다 숨기오시기를 기
ㄷ려 호도육을 콩만치 보ㄷㄹ온 김에 빠와 구즁
에 먹음으시게 ㅎ오쇼셔

단졔법

탯줄을 빅곱브터 두치 남즉이 머무르오시고 실노
단단이 민온후에 숨가 쓴 ㅈ오시고 일졀 잡아 달
로 이게 마오시고 즉시 힛소음으로 덥ㅈ와 숨가
풍한을 피ㅎ오쇼셔

진유법

7

절금긔ᄒᆞ오시며

유즙이쳐음모이신ᄢᅵ의비록긴이알프오시나춤

ᄌᆞᆸ시고손으로셔셔이쥬무르오셔유즙을유

하ᄒᆞ오시게ᄒᆞ와응쳬졀희ᄒᆞ오실환이업게ᄒᆞ

오쇼셔

히틔독법

아기시탄강ᄒᆞ오신후쇼릭나오기를기다리지마

오시고뫼신부녜급히보ᄃᆞ온면쥬로올흔손

뎨이지에감아황련감초탕에좀가구즁을두로

씻ᄌᆞ오시고도손가락에ᄉᆞᆯ쥬사를뭇쳐구즁에

졀금긔ᄒᆞ오시며

유즙이쳐음모이신ᄢᅵ의비록긴이알프오시나춤

ᄌᆞᆸ시고손으로셔셔이쥬무르오셔유즙을유

하ᄒᆞ오시게ᄒᆞ와응쳬졀희ᄒᆞ오실환이업게ᄒᆞ

오쇼셔

히틔독법

아기시탄강ᄒᆞ오신후쇼릭나오기를기다리지마

오시고뫼신부녜급히보ᄃᆞ온면쥬로올흔손

뎨이지에감아황련감초탕에좀가구즁을두로

씻ᄌᆞ오시고쏘손가락에ᄉᆞᆯ쥬사를뭇쳐구즁에

을 ㄴ오시지 마오시고 가이 쳥미음으로 다음
을 딕신ㅎ여 ㄴ오시게 ㅎㅇ오쇼셔
희만 후 근신 졔방
희만ㅎ오신 후 즉시 평안이 눕ㅈ오시고 뫼신 부녀
로ㅎㅇ여곰 셔셔히 요부와 각부 발피오시기를 무
수이 ㅎㅇ오시며
하월에ㄴ 방즁이 너무 덥게 마오시며 ㅅㅗㅎㄴ 사름이
만아 긔운이 훈즁ㅇ케 마오시며
음식을 과포치 마오시고 ㅅㅓ로 킹반을 ㄴ오셔 날
노 졈졈 더 ㄴ오시고 싱링과 단단ㅎㅇ온 것슬 일

을 ㄴ오시지 마오시고 가이 쳥미음으로 다음
을 딕신ㅎ여 ㄴ오시게 ㅎㅇ오쇼셔
희만 후 근신 졔방
희만ㅎ오신 후 즉시 평안이 눕ㅈ오시고 뫼신 부녀
로ㅎㅇ여곰 셔셔히 요부와 각부 발피오시기를 무
수이 ㅎㅇ오시며
하월에ㄴ 방즁이 너무 덥게 마오시며 ㅅㅗㅎㄴ 사름이
만아 긔운이 훈즁ㅇ케 마오시며
음식을 과포치 마오시고 ㅅㅓ로 킹반을 ㄴ오셔 날
노 졈졈 더 ㄴ오시고 싱링과 단단ㅎㅇ온 것슬 일

5

고 주로 곽탕의 빅슈라를 화ㅎ여 ㄴ오시며

만일 심즁이 궤민ㅎ오시거든 빅쳥 ㅎ두 슬을 다사

ㅎ믈에 됴 진ㅎ오시며

복통이 비록 긴ㅎ오신 찌나 곽탕에 빅슈라를 화ㅎ

여 ㅁ이 덥게 ㅎ여 강면ㅎ여 즈로 ㄴ오셔 원긔

를 돕즈오시게 ㅎ오시며

당월에ㄴ 구든 슈라와 춧진 병식과 ㅁ른 병식과 ㅁ

른 포육과 ㅁ른 어믈과 유니ㅎ온 것과 지짐ㅎ온

쇼화키 어려온 거슨 ㄴ오시지 마오시며

희만 아니ㅎ오신 젼은 비록 번갈ㅎ오실지라도 믈

든 가의ᄒᆞ여 힘을 쥬오시며
가의ᄒᆞ여 평안이 ㅁᄋ음을 너기럽게 ᄒᆞ오시고 공겁
지 마오시며
복통이 비록 긴ᄒᆞ오시나 사ᄅᆞᆷ을 붓드오시고 완완
이 힝보ᄒᆞ오시고 만일 곤ᄒᆞ오실 ᄯᅢ 겨오시거든
사ᄅᆞᆷ의게 의지ᄒᆞ여 셔시고 져기 쉬오신 후 즉시
붓들녀 힝보ᄒᆞ오시며
가이 허리를 구푸리오시거나 안줏오시거나 눕ᄌ
오시거나 침슈ᄒᆞ시지 마오시며
복통이 안이 겨오실 ᄯᅢ에ᄂᆞᆫ 좌와를 임의로 ᄒᆞ오시

든 가의ᄒᆞ여 힘을 쥬오시며
가의ᄒᆞ여 평안이 ㅁᄋ음을 너기럽게 ᄒᆞ오시고 공겁
지 마오시며
복통이 비록 긴ᄒᆞ오시나 사ᄅᆞᆷ을 붓드오시고 완완
이 힝보ᄒᆞ오시고 만일 곤ᄒᆞ오실 ᄯᅢ 겨오시거든
사ᄅᆞᆷ의게 의지ᄒᆞ여 셔시고 져기 쉬오신 후 즉시
붓들녀 힝보ᄒᆞ오시며
가이 허리를 구푸리오시거나 안줏오시거나 눕ᄌ
오시거나 침슈ᄒᆞ시지 마오시며
복통이 안이 겨오실 ᄯᅢ에ᄂᆞᆫ 좌와를 임의로 ᄒᆞ오시

❸

시산ᄒᆞ오실 ᄢᅵ에 년고ᄒᆞ고 유ᄉᆞᆨᄒᆞ교 순근ᄒᆞᆫ 부녀
삼소인을 갈ᄒᆞ여 좌우에 븟드러 뫼시게 ᄒᆞ옵고
년쇼ᄒᆞ고 셩졍이 경조ᄒᆞᆫ 사름과 다못 ᄒᆡᆼ경ᄒᆞᄂ
사름은 일졀 출입을 말게 ᄒᆞ오시며
림산ᄒᆞ오실 ᄢᅵ에 셩셔를 당ᄒᆞ오시면 맛당이 깁고
고요ᄒᆞᆫ 집 희빗먼 곳에 거쳐ᄒᆞ오시고 창호도여
르시고 만이 맑근 물을 담아 노ᄋᆞ사 열긔를 막게
ᄒᆞ오시며
복통이 비록 긴ᄒᆞ오시나 경동치 마오시며 힘주오
시믈 일즉 마오셔 기ᄃᆞ리시고 ᄌᆞ연 힘주오시거

시사ᄒᆞ오실 ᄢᅵ에 년고ᄒᆞ고 유ᄉᆞᆨᄒᆞ고 순ᄌᆞᄒᆞᆫ 부녀
삼ᄉᆞ인을 갈ᄒᆞ여 좌우에 붓드러 뫼시게 ᄒᆞ옵고
년쇼ᄒᆞ고 셩졍이 경조ᄒᆞᆫ 사름과 다못 ᄒᆡᆼ경ᄒᆞᄂᆞᆫ
사름은 일졀 출입을 말게 ᄒᆞ오시며
림사ᄒᆞ오실 ᄢᅵ에 셩셔를 당ᄒᆞ오시면 맛당이 깁
고
고요ᄒᆞᆫ 집 희빗먼 곳에 거쳐ᄒᆞ오시고 창호도여
르시고 만이 맑은 물을 담아 노ᄋᆞ사 열긔를 막게
ᄒᆞ오시며
복통이 비록 긴ᄒᆞ오시나 경동치 마오시며 힘주오
시믈 일즉 마오셔 기ᄃᆞ리시고 ᄌᆞ연 힘주오시거

림산예지법

시산ᄒᆞ오실 ᄢᅵ로브터 쇼쇼 증후를 ᄭᆞᆺ의녀의게 하교ᄒᆞ오셔 ᄢᅵ 밋쳐 거힝ᄒᆞ옵게 ᄒᆞ오시며 시산ᄒᆞ오실 ᄢᅵ에 산실 방즁 방외에 훤뇨와 급ᄒᆞᆫ 거름을 못ᄒᆞ게 ᄒᆞ오시고 맛당이 문호를 구지 닷습고 요히 ᄢᅵ를 기ᄃᆞ리오시며 산실 방즁에 병풍과 쟝을 다 만풍ᄒᆞᆫ을 피ᄒᆞ오시고 가이 즁텹지 아니케 ᄒᆞ옵고 울ᄒᆞ여 더운 긔운이 즁핍케 마오시며 의ᄃᆞ 온량을 반ᄃᆞ시 뎍즁이 ᄒᆞ오셔 너모ᄃᆞᆺᄒᆞ며 너모 셔늘ᄒᆞ게 마오시며

림산예지법

시산ᄒᆞ오실 ᄢᅵ로브터 쇼쇼 증후를 ᄭᆞᆺ의녀의게 하교ᄒᆞ오셔 ᄢᅵ 밋쳐 거힝ᄒᆞ옵게 ᄒᆞ오시며 시산ᄒᆞ오실 ᄢᅵ에 산실 방즁 방외에 훤뇨와 급ᄒᆞᆫ 거름을 못ᄒᆞ게 ᄒᆞ오시고 맛당이 문호를 구지 닷습고 요히 ᄢᅵ를 기ᄃᆞ리오시며 산실 방즁에 병풍과 쟝을 다 만풍ᄒᆞᆫ을 피ᄒᆞ오시고 가이 즁텹지 아니케 ᄒᆞ옵고 울ᄒᆞ여 더운 긔운이 즁핍케 마오시며 의ᄃᆞ 온량을 반ᄃᆞ시 뎍즁이 ᄒᆞ오셔 너모ᄃᆞᆺᄒᆞ며 너모 셔늘ᄒᆞ게 마오시며

1

출산에 앞서 미리 알아두어야 할 여러 방법 : 임산예지법

황문환 譯

(한국학중앙연구원 한국학대학원 교수, 국어학)

임산예지법(臨産豫知法)

시산(始産)하실 때로부터 소소(小小)한 증후(證候)를 가지가지 의녀(醫女)에게 하교(下敎)하시어 때에 미쳐 거행(擧行)하게 하시며

시산(始産)하실 때 산실(産室) 방중(房中)과 방외(房外)에 훤요(喧擾)와 급한 걸음을 못하게 하시고, 마땅히 문호(門戶)를 굳게 닫고 고요히 때를 기다리시며, 산실 방중(房中)에 병풍과 장을 다만 풍한(風寒)을 피하시고 가히 중첩(重疊)하지 않게 하고 응울(凝鬱)하여 더운 기운이 증핍(烝逼)하게 (하지) 마시며 의대(衣襨) 온량(溫凉)을 반드시 적중(適中)하게 하여 너무 따뜻하거나 너무 서늘하게 (하지) 마시며

시산(始産)하실 때 연고(年高)하고 유식(有識)하고 순근(醇謹)한 부녀(婦女) 삼사(三四) 인을 가려 좌우에서 붙들어 모시게 하고 연소(年少)하고 성정(性情)이 경조(輕躁)한 사람과 그리고 행경(行輕)하는 사람은 일절 출입(出入)을 말게 하시며

임산(臨産)하실 때 한 성서(盛暑)를 당하시면 마땅히 깊고 고요한 집 햇빛이 먼 곳에 거처(居處)하시고 창호(窓戶)도 여시고 많이 맑은 물을 담아 놓아 열기(熱氣)를 막게 하시며

복통(腹痛)이 비록 긴(緊)하시나 경동(輕動)하지 마시며 힘주심을 일찍 (하지) 마시어 기다리시고 자연(自然) 힘주시거든 가의(加意)하여 힘을 주시며

가의(加意)하여 평안히 마음을 너그럽게 하시고 공접

출산에 앞서 미리 알아두어야 할 여러 방법

시산처음 아기를 낳으려 함하실 때부터 사소한 증세를 가지가지 의녀(醫女)에게 하교(下敎)하시어 때에 맞추어 거행하게 하시며

시산(始産)하실 때 산실(産室) 방 안이나 방 밖에서 시끄럽게 떠들거나 급하게 걷는 것을 못하게 하시고, 마땅히 문을 굳게 닫으시고 고요히 때를 기다리시며, 산실 방 안에 병풍과 장을 (두르되) 다만 바람과 추위를 피할 뿐 가히 중첩(重疊)하(여 두르)지 않도록 하시고, 응울엉기고 막힘하여 더운 기운이 증핍찌는 듯한 기운이 몸에 닥침하게 (하지) 마시며, 의복의 온량따뜻함과 시원함을 반드시 알맞게 하여 너무 따뜻하거나 너무 서늘하게 마시며

시산(始産)하실 때 나이가 많고 유식(有識)하고 순근성품이 순박하고 조심성이 많음한 부녀 서너 명을 가려 좌우에서 붙들어 모시게 하시고, 나이가 어리고 성정(性情)이 경조가볍고 조급함한 사람과 그리고 행동거지를 가볍게 하는 사람은 일절 출입을 (하지) 말게 하시며

임산출산에 임박함하실 때 한여름을 당하면 마땅히 깊고 고요한 집에서 햇빛이 먼 곳에 거처하시고, 창문도 여시고 맑은 물을 많이 담아 놓아 열기(熱氣)를 막게 하시며

복통(腹痛)이 비록 심하더라도 가벼이 행동치 마시며, 힘줌을 일찍 (하지) 마시어 기다리시고, 자연스레 힘주시게 되거든 의도적으로 힘을 주시며

(恐怯)하지 마시며

복통(腹痛)이 비록 긴(緊)하시나 (다른) 사람을 붙드시고 완완(緩緩)히 행보(行步)하시고 만일 곤(困)하실 때가 있으시거든 (다른) 사람에게 의지(依支)하여 서시고 적이 쉬신 후 즉시 붙들게 하여 행보(行步)하시며

가히 허리를 구부리시거나 앉으시거나 누우시거나 침수(寢睡)하지 마시며

복통(腹痛)이 없으실 때에는 좌와(坐臥)를 임의(任意)로 하시고 자주 곽탕(藿湯)에 백(白)수라를 화(和)하여 드시며

만일 심중(心中)이 궤민(潰悶)하시거든 백청(白淸) 한두 술을 따뜻한 물에 조진(調進)하시며

복통(腹痛)이 비록 긴(緊)하신 때나 곽탕(藿湯)에 백(白)수라를 화(和)하여 매우 덥게 하여 강면(强勉)하여 자주 드셔서 원기(元氣)를 돕게 하시며

당월(當月)에는 굳은 수라와 차진 병식(餠食)과 마른 병식(餠食)과 마른 육포(肉脯)와 마른 어물(魚物)과 유니(油膩)한 것과 지집한 소화하기 어려운 것은 드시지 마시며

해만(解娩)하시기 전(前)에는 비록 번갈(煩渴)사실도 물을 드시지 마시고 가히 청(淸)미음으로 다음(茶飮)을 대신하여 드시도록 하소서.

의도적으로 평안히 마음을 너그럽게 하고 공겁두려워함하지 마시며

복통이 비록 심하더라도 사람을 붙드시고 천천히 행보(行步)하시고 만일 피곤할 때가 있으시거든 다른 사람에게 의지하여 서시고 조금 쉰 후 즉시 부축을 받아 행보하시며

가히 허리를 구부리지 마시고 앉거나 눕거나 잠들지 마시며

복통이 없을 때에는 좌와앉고 누움를 마음대로 하고 자주 미역국에 흰밥을 말아 드시며

만일 마음이 궤민허전하거나 민감해짐해질 때에는 백청빛깔이 희고 품질이 좋은 꿀 한두 숟가락을 따뜻한 물에 타 드시며

복통이 비록 심하신 때라도 미역국에 흰밥을 말아 아주 덥게 하여 강면억지로 애씀히 자주 드시어 원기를 돕게 하시며

해산달에는 굳은 밥과 차진 병식과 마른 병식과 마른 육포와 마른 어물과 기름진 것과 지짐한 소화하기 어려운 것은 드시지 마시며

해산하기 이전은 비록 목이 마를지라도 물을 드시지 말고 가히 청미음으로 다음차와 음료을 대신하여 드시도록 하소서.

해만(解娩) 후 근신(謹愼) 제방(諸方)

해만(解娩)하신 후 즉시 평안히 누우시고 모시고 있는 부녀로 하여금 서서히 요부(腰部)와 각부(脚部)를 밟게 하기를 무수히 하시며

하월(夏月)에는 방중(房中)이 너무 덥게 (하지) 마시며 또한 사람이 많아 기운이 훈증(熏蒸)하게 (하지) 마시며

음식을 과포(過飽)하지 말고 때때로 갱반(羹飯)을 드시어 날로 점점 더 드시고 생랭(生冷)과 단단한 것을 일절 금기(禁忌)하시며

유즙(乳汁)이 처음 모였을 때에 비록 긴(緊)히 아프

해산 후 몸가짐을 삼가는 방법

해산하신 후 즉시 평안히 누우시고, 모시고 있는 부녀로 하여금 서서히 허리 부분과 발 부분을 무수히 밟게 하시며

여름에는 방 안이 너무 덥게 마시며, 또한 사람이 많아 기운이 훈증찌는 듯이 무더움하게 하지 마시며

음식을 지나치게 많이 드시지 마시고, 때때로 갱반국과 밥을 드시어 날이 갈수록 점점 더 드시고, 생랭날것과 찬 것과 단단한 것을 일절 금기(禁忌)하시며

유즙젖이 처음 모였을 때에 비록 매우 아프시더라

시나 참으시고 손으로 서서히 주무르시어 유즙(乳汁)을 유하(流下)하시게 하여 응체결핵(凝滯結核)할 환(患) 이 없게 하소서

도 참고 손으로 서서히 주물러 유즙을 흘러내리게 하시어 응체결핵묻쳐 응어리 짐할 걱정이 없게 하소서.

해태독법(解胎毒法)

아기씨가 탄강(誕降)하신 후 소리가 나오기를 기다리지 마시고 모시고 있는 부녀가 급히 보드라온 면주(綿紬)로 오른손 제이지(第二指)에 감아 황련감초탕(黃蓮甘草湯)에 잠가 구중(口中)을 두루 씻으시고 또 손가락에 꿀주사를 묻혀 구중(口中)에 두루 발라 삼키게 하시고 즉시 젖을 먹이시지 마시고 (아기씨가) 꿀주사를 다 삼키시기를 기다려 호도육(胡桃肉)을 콩 만하게 보드라온 비단에 싸 구중(口中)에 머금으시게 하소서.

태독(胎毒)을 없애는 방법

아기씨가 탄강(誕降)하신 후 소리가 나오기를 기다리지 마시고, 모시고 있는 부녀가 급히 보드라온 명주를 오른손 둘째손가락에 감아 황련감초탕(黃蓮甘草湯)에 담가 입안을 두루 씻기고 또 손가락에 꿀주사를 묻혀 입안에 두루 발라 삼키게 하시고, 즉시 젖을 먹이시지 마시고 꿀주사를 다 삼키기를 기다려 호도육호두의 살을 콩 만하게 보드라온 비단에 싸 입안에 머금게 하소서.

*胎毒, 젖먹이의 몸이나 얼굴에 진물이 흐르며 허는 증상

단제법(斷臍法)

태줄을 배꼽으로부터 두 치 남짓 남기고 실로 단단히 맨 후 삼가 끊으시고 일절 잡아당기게 (하지) 마시고 즉시 햇솜으로 덮어 삼가 풍한(風寒)을 피하소서.

탯줄자르는 법

탯줄을 배꼽으로부터 두 치 남짓 남기고 실로 단단히 맨 후 삼가 끊으시고 일절 잡아당기게 (하지) 마시고 즉시 햇솜으로 덮어 삼가 바람과 추위를 피하소서.

진유법(進乳法)

젖을 먹이실 때 매번 짜 버린 후 먹이시고 밤새 생긴 젖을 또한 매번 짜 버린 후 먹이시고 비록 자주는 먹이시나 매번 부족하게 먹이시고 한 번에 과(過)히 먹이시지 마시며
유모 잠잘 때는 젖을 앗으시며
우는 소리가 그치지 않은 때는 갑자기 젖을 먹이시지 마소서.

젖을 먹이는 방법

젖을 먹이실 때 매번 짜 버린 후 먹이시고 밤새 묵은 젖을 또한 매번 짜 버린 후 먹이시고, 비록 자주는 먹이시나 매번 부족하게 먹이시고 한 번에 지나치게 먹이지 마시며
유모 잠잘 때는 젖을 주지 마시며
우는 소리가 그치지 않은 때는 갑자기 젖을 먹이시지 마소서.

세욕법(洗浴法)

해만(解娩)하신 제 3일에 세욕(洗浴)하실 탕수(湯水)를 약원(藥院)이 당일(當日)에 마땅히 전입(轉入)할 것이니 다만 수건에 약략(略略)히 묻혀 씻으시되 오래 (하지) 마시며 일후(日後) 세욕(洗浴)하실 때도 매번 여러 담즙(膽汁)을 조금씩 넣으소서.

씻거나 목욕하는 방법

해산한 후 제3일에 목욕하실 탕수 끓인 물를 약원 내의원이 당일 마땅히 들일 것이니 다만 수건에 (탕수를) 약간씩 묻혀 씻으시되 오래 (씻지) 마시며 하루 뒤 목욕하실 때도 매번 여러 담즙(膽汁)을 조금씩 넣으소서.

보호법(保護法)

무릇 소아(小兒)의 기부(肌膚)가 실(實)하지 못하니 의복과 덮기를 두껍게 마시어 땀이 나지 않게 하시고 백일(百日) 후에 천기(天氣)가 화란(和蘭)하고 바람이 없는 날에 자주 햇빛을 보게 하시며

□□□□□고 누우시지 않으시면 근골(筋骨)이
□□□□□□□오니 마땅히 자주 누우시게

[이하 缺落]

태어난 아기를 보살피는 방법

무릇 소아 어린 아기의 피부가 실하지 못하니 의복과 덮는 것을 두껍게 (하지) 마시어 땀이 나지 않게 하시고, 백일 후에 날씨가 화란 화창하고 따뜻함하고 바람이 없는 날에 자주 햇빛을 보게 하시며

□□□□□고 누우시지 않으시면 근골(筋骨)이
□□□□□□□오니 마땅히 자주 누우시게

[이하 缺落]

✱67쪽부터 보십시오.

3

충청도 보은현 원자아기씨 안태등록

差使員兼監役官、中訓大夫行報恩縣監　　臣金載翼。〔着名〕

嘉義大夫忠清道觀察使兼巡察使　　　臣鄭存中。〔着名〕

陪胎官兼傳香官奏時官、通訓大夫觀象監教授　臣趙憲澤。〔着名〕

安胎使、崇政大夫行龍驤衛司直　奎章閣檢校提學　臣吳載純。〔着名〕

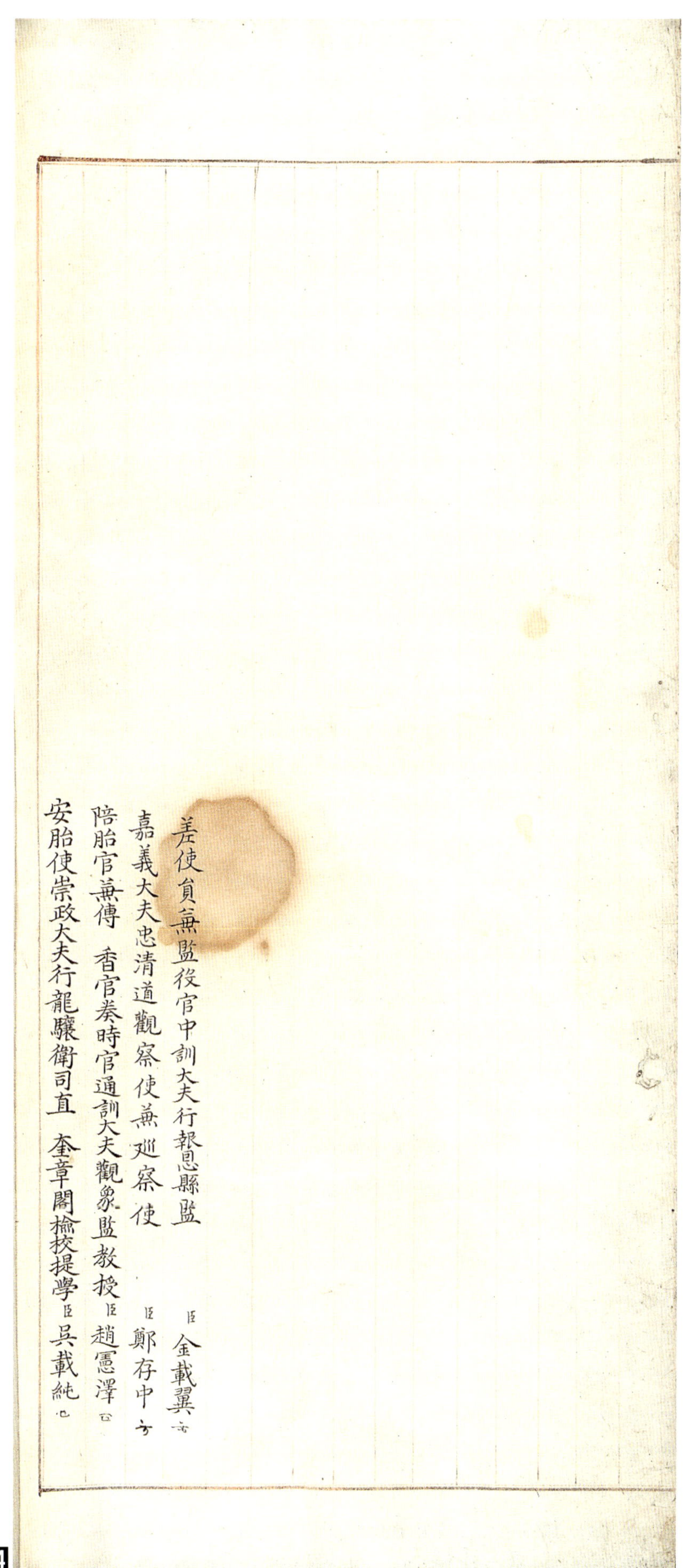
差使員無監役官中訓大夫行報恩縣監　臣 金載翼
嘉義大夫忠淸道觀察使兼巡察使　臣 鄭存中
陪胎官無傳　香官奏時官通訓大夫觀象監敎授　臣 趙憲澤
安胎使崇政大夫行龍驤衛司直　奎章閣檢校提學　臣 吳載純

陳設圖

豕脯	魚醢	鹿醢	黍	稻	乾棗	鹿脯
芹菹	菁菹		稷	梁	刑塩	黃栗
		豕腥			幣	
爵			爵			爵
燭		香爐		香盒		燭
						樽

告后土祭、胎神安慰祭　謝后土祭
陳設圖
鹿脯　乾棗　稻　黍　鹿醢　魚醢　豕脯
黃栗　刑塩　粱　稷　菁葅　芹葅　豕腥
幣　爵　爵　爵　爵
香盒　香爐　樽　燭　燭

13

躬四拜、與平身。贊者曰、望瘞。謁者引獻官詣望瘞位、祝史以篚取幣及祝文、置于坎、實土。贊者曰、謁者引獻官、以次出。謁者・諸執事俱詣拜位、鞠躬四拜、興平身、謁者引諸執事出。贊者亦就位、四拜、以次出。

一。各祭獻官、以地方官差定、仍行終獻禮、諸執事、亦以本官儒生差定、大祝・齋郎・祝史・贊者・謁者、散齋二日、致齋一日。

一。胎峯火巢、依例以二百步定標事。

一。胎峯直二名、本邑閑丁充定事。

一。安胎使崇政大夫行龍驤衛司直、奎章閣檢校提學臣吳載純。臣於八月初四日奉 命陪胎發行、同月初八日到報恩縣、十一日詣俗離下胎峯、十二日辰時與本道觀察使臣鄭存中眼同安胎爲白遣、胎峯火巢、依例二百步定標爲白乎旅、臣一行段、完役後明日發行、回還計料緣由、并以馳 啓爲白臥乎事。

一。看役將校李春烍、色吏崔興達、看役營吏柳弼國、軟石鍊精石手池升萬、木手鄭起一、冊匠金再福。

一。香陪兼陪胎書員李益鉉、奏時書員朴大喜。

躬四拜興平身資者曰堂座謁者引獻官詣堂座位祝史以篚取幣及祝文置于坎實土資者曰謁者引獻官以次出謁者諸

執事俱詣拜位鞠躬四拜興平身謁者引諸執事出資者亦就位四拜以次出

一各祭獻官以地方官差定仍行終獻禮諸執事亦以本官儒生差定大祝齋所祝史資者謁者敬齋二日致齋一日

一胎峯火巢依例以二百炭定標事

一胎峯直二名本邑閑丁充定事

一安胎使崇政大夫行龍驤衛司直　奎章閣檢校提學臣吳載純臣於八月初四日奉　命陪胎發行同月初八日到報恩縣十日諸俗

離下胎峯十二日辰時與本道觀察使臣鄭存中眼同安胎爲白遣胎峯火巢依例二百炭定標爲白乎旀臣一行段完役後明日

發行回還計料緣由并以馳　啓爲白卧乎事

一省役將校李春燁邑吏崔興達省役營吏柳弼國軟石鍊精石手池朴萬木手鄭起一冊匠金再福

一香陪兼陪胎書員李益鉉葵時書員朴大喜

維乾隆五十五年歲次庚戌己酉朔十二日庚申、

國王謹遣臣報恩縣監金載翼、敢昭告于 胎室之神。 伏以胎室既成、庸虔告儀、佳氣慈籠、睠我湖維。 謹以牲幣

醴齊、粢盛庶品、式陳明薦、尚饗。

一。 謝 后土祭祝文。

維乾隆五十五年歲次庚戌己酉朔十二日庚申、

國王謹遣臣報恩縣監金載翼、敢昭告于 后土之神。 伏以吉儀載舉、式荷神顧、邑號報恩、寔亦非偶。 謹以牲幣

醴齊、粢盛庶品、式陳明薦、尚饗。

一。 行祭儀。

獻官及大祝・贊者・謁者・祝史・齋郎、俱著祭服行祭、臨時詣外位。 贊者・謁者先就拜位、四拜後各就

位。 贊者曰、謁者引諸執事、入就拜位、四拜。 鞠躬拜興平身。 謁者引諸執事詣盥洗位、盥洗後各就位。 贊

者曰、謁者引獻官入就拜位、四拜。 鞠躬拜興平身。 贊者曰、謁者引獻官詣盥洗位、盥洗訖。 引詣神位前、

跪、執事一人奉香爐、一人奉香盒、獻官三上香、訖。 執事置爐于神位前、祝史以幣授獻官、獻幣。 祝史執

事奠于神位前、俯伏興、降復位。 小頃、贊者曰、行初獻禮。 謁者引獻官詣樽所、酌酒、引詣神位前、齋郎

執酌授獻官、獻官執酌的獻酌、祝史受酌、奠于神位前、俯伏興小退跪。 大祝讀訖、俯伏興、仍降復位。 小

頃、贊者曰、行亞獻禮、謁者引獻官詣樽所、酌酒、引詣神位前、齋郎執酌、授獻官、獻官執酌的獻酌、執事

受酌、奠于神位前、仍降復位。 小頃、贊者曰、行終獻禮。 謁者引獻官詣樽所、行禮、並同亞獻儀。 贊者

曰、四拜、獻官鞠躬四拜、興平身。 贊者曰、撤籩笠移古處。 贊者曰、四拜、獻官鞠

維乾隆五十五年歲次庚戌八月己酉朔十二日庚申

國王謹遣臣報恩縣監金載翼敢昭告于　胎室之神伏以胎室既成庸虔告儀佳氣慈籠睠我湖維謹以牲幣醴齊粢盛庶品式陳明鶩尚　饗

一　謝　后土祭祝文

維乾隆五十五年歲次庚戌八月己酉朔十二日庚申

國王謹遣臣報恩縣監金載翼敢昭告于　后土之神伏以吉儀載擧式荷　神顧邑彌報恩寔亦非偶謹以牲幣醴齊粢盛品式陳明鶩尚　饗

一　行祭儀

獻官及大祝贊者謁者祝史齋郞俱著祭服行祭臨時詣外位贊者謁者先就拜位四拜後各就位贊者曰謁者引

拜位四拜鞠躬拜興平身謁者引諸執事詣盥洗位盥洗浚各就位贊者曰謁者引獻官入就拜位四拜鞠躬拜興平身贊者曰

謁者引獻官詣盥洗位盥洗訖引詣神位前跪執事一人奉香爐一人奉香盒獻官三上香訖執事置爐于神位前祝史以幣

授獻官獻幣祝史執事奠于神位前俯伏興降復位小頃贊者曰行初獻禮謁者引獻官詣樽所酌酒引詣神位前齋郞執酌

授獻官獻爵執事受酌奠于神位前俯伏興小退跪大祝讀訖俯伏興仍降復位小頃贊者曰行亞獻禮謁者引

獻官詣樽所酌酒引詣神位前齋郞執酌授獻官獻爵執事受酌奠于神位前仍降復位小頃贊者曰行終獻

禮謁者引獻官詣樽所行禮並同亞獻儀贊者曰四拜獻官鞠躬四拜興平身贊者曰撤邊豆移古處贊者曰四拜獻官鞠

一。
瓷石盖石、浮取軟石於忠州地、石品最好。運致 胎峯下、鍊精造成瓷石、高二尺五寸、圍七尺、中央鑿深一尺三寸五分、圓圍三尺九分、穿底孔、深一尺一寸五分、圍四寸、盖石、高九寸圍七尺、鑿深一寸五分。

一。本道雜物分定。
報恩、役軍八十名、儲置米、雇立、胎峯六面閣、甘湯二兩、白筆五柄、眞墨五丁、公事紙三券、柳笥二部、漏器排設諸具、（並還下。）石灰三升、磊碌三升、法油一斗、膽錄書寫、后土祭、胎神安慰祭、謝后土祭、獻官、諸執事儒生、雜物入置庫間、安胎使・陪胎官入接假家、漏器排設處所假家。忠州、軟瓷石具盖一坐、青帒八件、青襪二十件。（用後還下。）唐朱紅二兩、膽錄冊次片鐵、小索二十巨里、草席四立、三甲條所十巨里。清州、治土匠一名、大帳幕一件、草芚七件、（並用後還下。）空石一百立、后土祭祭物、各祭所入祭器。公州、膽錄次、敦厚紙十五張、紅衣次、儀軌四件次搗鍊紙二卷、紅衣次、儀軌樻子一部、紅木樻具鎖鑰 禮曹一件、（還下。）監營一件、本官一件。沃川、六張付地衣一件、大中小白席、廣白席六立、（還下。）槐山空石一百立、巨金頭丁具鑞染實入、光伊二、加乃二、斧子二、鏵二、（並還下。）謝后土祭祭物、松板五立、（還下。）御覽膽錄冊、朱錫裝飾。公州、御覽膽錄冊、所裹綿紬紅裌一、唐紅絲二巨里。清安、胎神安慰祭祭物。

一。告后土祭祝文。
維乾隆五十五年歲次庚戌八月己酉朔初八日丙辰、國王謹遣臣報恩縣監金載翼、敢昭告于 后土之神。伏以迺涓穀朝、迺營胎室、於萬期年、永垂嘉隤、謹以牲幣醴齊、粢盛庶品、式陳明薦、尚饗。

一。胎神安慰祭祝文。

一瓮石盖石浮取軟石於忠州地石品最好運致 胎峯下鍊精造成瓮石高二尺五寸圍七尺中央鑿深一尺三寸五分圓圍三尺九分穿底孔深

一尺一寸五分圍四寸盖石高九寸圍七尺鑿深一寸五分

本道雜物分定

一報恩役軍八十名儲置米崔立 胎峯六面閣 甘湯二兩 白筆五柄 真墨五丁 公事紙三卷 柳笥二部[下還] 漏器排設諸具[下還] 石灰三升 厗

碌三升 法油一斗 膽錄書寫 后土祭 胎神安慰祭 謝后土祭 獻官 諸執事儒生 雜物入置庫間 安胎使 陪胎官入接假家 漏器排

設慶所假家 忠州軟石瓮石具盖一坐 青布八件 青襪二十件[用後還下] 唐朱紅二兩 膽錄冊次片鐵 小索二十巨里 草席四立 三甲縧所十豆

清州治土匠一名 大帳幕一件[並用後還下] 草芚七件 空石一百立 后土祭祭物 各祭所八祭器 公州膽錄次 敦厚紙十五張 紅衣次 儀軌得次 搗鍊紙卷

紅衣次 儀軌樻子一部 紅木樻具鎖鑰 禮曹一件 監營一件 本官一件 沃川六張付地衣一件 大中小白席 廣白席六立[還] 槐山空

石二百立 巨金頭丁具鑵染實入 光伊二加乃三 斧子三錚子下[並還] 謝后土祭物 松扳五立[下] 御覽膽錄冊 朱錫裝飾 御覽

膽錄冊 所裹綿紬紅袱一 唐紅絲二巨里 清安 胎神安慰祭祭物

一告后土祭祝文

維乾隆五十五年歲次庚戌八月乙酉朔初八日丙辰

國王謹遣臣報恩縣監金載翼敢昭告于 后土之神 伏以迤逍穀運晉營胎室於萬斯年永毖嘉隲謹以牲幣醴齊粢盛庶品式陳明薦

尚饗

一胎神安慰祭祝文

用瓮石而以瓦代之者、雖仰 聖意之不欲張大、不欲煩民、而在下之道、實不勝其區區悶歎之心者、盖以莫

重莫大之事、而不可若是故也、窃伏念石瓮、則浮出磨治之際、爲役鉅而用力多、湖西有一種軟石、民間或

穿以爲器、鑿而爲鼎、其爲工至易、省於燔瓦之勞、堅實耐久、有非陶瓦之比。、及今發關於該道道臣、採

取軟石、刻成瓮制、又爲盖石以用、恐合愼重之義、命下多日、今始覺得、不勝惶悚、敢 啓。批敎内、依此

爲之可也事爲敎矣。傳敎内事意、奉審施行爲乎矣、道内禮山等諸邑有軟石、民間常多採用、得之不難、而

見今日子甚迫、造成時急、到關即時、石在處、星火知委、即即造成瓮石盖石、以爲入用之地爲乎矣、圓經

大小、務從敦厚造出之後、以鄉毛氈封裹、次以草席等物、依例封裹、封裹物種、亦以儲置會減爲於、關到

日時、即即回移、以爲憑據之地宜當。 直關本道監營。

一。 陪胎下去時節次。

掖庭署先期設 胎缸、奉安幕次於長慶門外。其日、安 胎使以下、俱着黑團領、詣幕次前。時至、承旨詣集

福軒、奉出 胎缸、由永福門、至幕次前、傳于安 胎使。安于幕次、以毛獐皮鄉毛氈裹之、獐皮·毛氈不用、内下紅

氈裹之。 奉 胎缸安于函、盛于樓子、由敦化門正路出。、 鼓吹前導。 八月初八日到報恩縣、十一日詣俗離下、胎峯、

奉安樓子于幕次。

一。 安胎節次。

八月十二日辰時、安 胎使以下、俱着黑團領、陪樓子于胎峯上。奉出 胎缸、安于小幕次。去塡空紅氈及外

陶缸、青鄉絲三甲繩加封、朱砂題云、元子阿只氏胎。安胎使臣姓名。以甘湯銂砂缸盖隙、以青鼎紬三尺、修拭胎缸。辰

時安于石瓮中、封處向前、青·黃·赤·白·黑五色綃各三尺、置于所屬方位。金銀各六分、置于中央、青

鼎紬三尺、甲袱一、單幅紙一張、次次覆于缸上、又以朱砂七錢·牛黃二分·龍腦二分·石雄黃二兩、交

合、散布于缸外四面。遂下盖石、又以油灰塗盖石之隙、用黃正土、堅築平土、行 胎神安慰祭。作室封沙

土、室高三尺、經十尺、圍三十尺。用營造尺、 行謝后土祭。

用甕石而以尾代之者雖仰 聖意之不欲張大不欲煩民而在下之道實不勝其區區悶歎之心者盖以莫重莫大之事而不可若是故也

窃伏念石甕則浮出磨治之際為役鉅而用力多湖西有一種軟石民間或穿以為器鑿而為鼎其為工至易省於燔尾之勞堅寔耐久有

非陶尾之比及今發關於該道 道臣採取軟石刻成甕制又為盖石以用恐合慎重之義 命下多日今始覺得不勝惶悚敢 啓 批教

內依此為之可也事為教矣 傳教內事意奉審施行為乎矣 道內禮山寺諸邑有軟石民間常多採用得之不難而見今日子甚

迫造成時急到關即時石在慶星火知委即即造成甕石盖石以為入用之地為平矣圓経大小務從敦厚造出之後以鄉

草席等物依例封裹 封裹物種亦以儲置會減為旀關到日時即即回移以為憑據之地宜當（直關本道營）

一陪胎下去時節次

披庭署先期設 胎缸奉安幕次於長慶門外其日安 胎使以下俱着黑團領詣幕次前時至承旨詣集福軒奉出 胎缸由永福門至幕

次前傳于安 胎使安于幕次以毛獐皮鄉毛毬裹之（獐皮毛毬不用／內下紅毬裹之） 奉 胎缸安于函盛于樓子由敦化門正路出（欵吠／前導）八月初八日到報恩縣十一日

諸俗離下 胎峯奉安樓子于幕次

一安胎節次

八月十二日辰時安 胎使以下俱着黑團領陪樓子于胎峯上奉土 胎缸 安于小幕次去填空紅毬及外陶缸青鄉絲三甲繩加封朱砂題云（元子阿只氏胎／安胎使官姓名） 胎缸辰時安于石甕中封慶向前青黃赤白黑五色縇各三尺置于所屬方位金銀各六分置于中央青篚細三

以甘湯銚砂缸盖隙以青篚細三尺修拭

尺甲袱一單幅紙一張次次覆于缸上又以朱砂七戔牛黃二分龍腦二分石雄黃二兩交合散布于缸外四面遂下盖石又以油灰塗盖石之隙用黃

正土堅等平土行 胎神安慰祭作室封沙土室高三尺經十尺圍三十尺（用營造尺） 行謝后土祭

價使役、則道伯・地方官及奉命之人當之。以此嚴飭。以石爲名之物、一切勿用。予於御極以後、猶念民弊、

胎峯加築、尚今不許、況今番乎。又況一念憧憧、不欲張大乎。聞此下教之後、雖下至京司吏隸・本邑官

屬、寧或藉此貽弊於民邑乎。並以此意、謄關分付亦教是置。傳教内事意、奉審施行爲乎矣、其中本監笏記

中書下條件、別錄于左爲於、今當舉國歡欣之時、聖念特軫於貽弊民邑、凡諸應行之事、皆從節省、至舉

寧越胎峯不許加築而爲教。其在仰體之道、豈敢一毫放忽是於、今番役事、不用石物、則至爲簡省、軍丁

使役、不過三數日、事既無前例、雖不定數、要不出四五十人、皆以傍近居住之民儲置米會減、給價使用

爲於、至於後錄雜物段置、亦以儲置會減、勿拘前例多寡、必皆省減、無負不欲張大之聖意爲於、京

司吏隸・營邑官屬、每當事役、必有貽弊之端、此亦各別嚴飭爲乎矣、若有從後現發之事、則不但犯者之被

勘、道臣・守令、亦難免不飭之責、十分另念、仰副申復之下教爲於。本縣既兼監役官、則自初始役、皆

爲專當、民弊有無、亦應詳察、本邑下屬除良、雖上營吏輩・京司下人、苟有作弊之端、各別痛禁嚴治、俾

有另念之效爲只爲。 直關報恩。 笏記後錄。 上同。

一。觀象監官員、以提調意

啓曰、今此、元子阿只氏胎缸奉安時、不用瓮石而以瓦代之者、雖仰、聖意之不欲張大、不欲煩民、而在下之

道、實不勝其區區悶歎之心者、盖以莫重莫大之事、而不可若是故也。窃伏念念石瓮、則浮出磨治之際、爲役

鉅而用力多、湖西有一種軟石、民間或穿以爲器、鑿而爲鼎、其爲工至易、省於燔瓦之勞、堅實耐久、有比

陶瓦之比。、及今發關於該道道臣、採取軟石、刻成瓮制、又爲盖石以用、恐合愼重之義、命下多日、今始

覺得、不勝惶悚、敢啓。

傳曰、依此爲之可也。、

一。觀象監提調爲相考事。今番安胎、不用石物瓮石、代以瓦瓮事、前已行會矣。今月二十三日、本監啓曰、

今此元子阿只氏胎缸奉安時、不

價使役則道伯地方官及奉 命之人當之以此嚴飭以石爲名之物一切勿用予於御極以後猶念民獎胎峯加等尚令番乎又况

一念憧憧不欲張大乎聞此下敎之後雖下至京司吏隷本邑官屬寧或藉此貼獎於民邑乎並以此意騰關分付亦敎是置 傳敎內

事意奉審施行爲乎矣其中本監簿記中 書下條件別錄于左爲旀令當擧國歡欣之時 聖念特輪於貼獎民邑凡諸應行之事皆

從御省至擧寧越 胎峯不許加等而爲 敎其在仰體之道豈敢一毫放忽是旀令番役事不用石物則至爲簡省軍丁使役不過三數

日事既無前例雖不定數要不出四五十人皆以傍近居住之民儲置米會減給價使用爲旀至於後錄雜物段置亦以儲置會減勿

拘前例多寡必皆省減無員不欲張大之 聖意爲旀京司吏隷營邑官屬每當事役必有貼獎之端此亦各別嚴飭爲旀

現發之事則不但犯者之被勘道臣守令亦難免不飭之責十分另念仰副申復之 下敎爲旀本縣旣無監役官則自初始役皆爲專當

民獎有無亦應詳察本邑下屬除良雖上營吏輩京司下人苟有作獎之端各別痛禁嚴治俾有另念之效爲只爲 報恩直關 錄上同

一觀象監官員以提調意

啓曰今此 元子阿只氏胎缸奉安時不用甕石而以瓦代之者雖仰 聖意之不欲張大不欲煩民而在下之道實不勝其區區悶歎之心者盖

以莫重莫大之事而不可若是故也窃伏念石甕則浮出磨治之際爲役鉅而用力多湖西有一種軟石民間或穿以爲器鑿而爲鼎

其爲工至易省於燔尾之勞堅實耐久有此陶尾之此及令發關於該道道臣採取軟石刻成甕制又爲盖石以用恊合愼重之義 命下多

目今始覺得不勝惶悚敢 啓

傳曰依此爲之可也

一觀象監提調爲相考事今番安 胎不用石物甕石代以瓦甕事前已行會矢今月二十三日本監 啓曰今此 元子阿只氏胎缸奉安時不

監役官。

本邑守令事　書下。

陪胎官、本監官員。

奏時兼傳香兼事　書下。

藏胎時諸種、務從省減、自該道分定舉行。

比前例、皆用儲置米事　書下。

後錄雜種。

役軍、因傳敎用雇軍。　治土匠一名。　甘湯二兩。　筆墨公事紙三卷。　大小帳幕各一件。　草芚七番。　六張付

白紋地衣一件。　空石二百立。　柳笥二部。　御覽謄錄冊一件。　敦厚紙十五張。　紅衣次。　儀軌四件次

搗鍊紙二卷。　紅衣次細布。　臣金頭丁具鑞染。　安胎使。　陪胎官。　香陪書員。　奏時書員。　供饋。　漏器排設諸

具。　告后土祭。　胎神安慰祭。　謝后土祭。　獻官、本邑守令。　諸執事、本邑儒生。　胎峯直二名、本邑閑

丁抄定。

一。　觀象監提調爲相考事。　元子阿只氏一等　胎封、定於忠淸道報恩縣內俗離下乙坐辛向草記、允下敎是乎等

以、藏胎吉日、今庚戌年八月十二日辰時、始役、同月初四日卯時、開基、同月初八日辰時、告后土祭、同

月同日曉頭、先行發　胎、同月初四日卯時、胎神安慰祭・封土後臨時謝后土祭、事畢後臨時、爲等如推擇

爲有置。　今七月初七日、傳曰、安胎藏胎時所用雜物及役民、皆用儲置米、一依書下舉行之意、自本監卽爲

措辭行會、本道亦卽直關該邑、依此舉行、無敢一毫違越。　方欲別遣御史、隨後下送、以考舉行勤慢、雖一

物取於民、一民無

監役官

本邑守令事　書下

陪胎官本監官員

奏時兼傳香無事　書下

藏胎時諸種自該道分定擧行

此前例務從省減皆用儲置米事　書下

後錄雜種

役軍曰　傳教用雇軍　治土匠一名　甘湯二兩　筆墨公事紙三卷(入應)　大小帳幕各一件　草芚七番　六張付白紋地衣一件(下還空石二百立)

柳筒二部(用後還下)　御覽謄錄冊一件　敦厚紙十五張　紅衣次　儀軌四件次搗鍊紙二卷　紅衣次細布　巨金頭丁具鑞染　安胎使(陪胎官)

香陪書員　奏時書員　供饋　漏器排設諸具(已上本官)　告后土祭　胎神安慰祭　謝后土祭　獻官本邑守令　諸執事本邑儒生　胎峯直

二名本邑閑丁抄定

一觀象監提調爲相考事　元子阿只氏一等　胎峯本道報恩縣內俗離下乙坐辛向草記　先下教是乎等以藏　胎吉日令庚戌年八月

十二日辰時始役同月初四日卯時開基同月初八日辰時告后土祭同月同日曉頭先行發　胎同月初四日卯時　胎神安慰祭封土後臨時謝

后土祭事畢後臨時爲等如推擇爲有置令七月初七日　傳曰安胎藏胎時所用雜物及役民皆用儲置米一依書下擧行之意自本監

即爲措辭行會本道亦即直關該邑依此擧行無敢一毫違越方欲別遣御史隨後下送以考擧行勤慢雖一物取於民一民無

役軍、一百名。

以附近居民儲置米、給價使用、旣無石物、則役軍亦何必多用事　書下。

僧軍、一百名。除之事　書下。

胎缸、奉安時各司進排。

樓子、抹下。

丹木染樻。

容入措備、長廣相稱、如煖帽家事　書下。

胎缸結裹雜物。

依例爲之事　書下。

擔軍、三十名。

樻子旣小、量宜定數事　書下。

引路。

使令。

安胎使。

從事官、抹下。

役軍一百名

以附近居民儲置米給價使用既無石物則役軍亦何必多用事　書下

僧軍一百名　除之事　書下

胎缸奉安時各司進排

褫子　抹下

丹木斧槨

容入措備長廣揖礭如煖帽家事　書下

胎缸結裹雜物

依例爲之事　書下

擡軍三十名

擔軍三十名

摜子既小量宜定數事　書下

引路

使令

安胎使

從事官　抹下

啓依允。

一。觀象監提調爲相考事。元子阿只氏一等胎峯、本道報恩縣内俗離下乙坐辛向草記、允下敎是乎等以、藏胎
吉日、今庚戌年八月十二日辰時、始役、同月初四日卯時、開基、同月初八日辰時、告后土祭、同月同日曉
頭、先行發胎、同月初四日卯時、胎神安慰祭・封土後臨時謝后土祭、事畢後臨時、爲等如推擇爲有置。今
七月初七日、傳曰、安胎藏胎時所用雜物及役民、皆用儲置米、一依書下舉行之意、自本監即爲措辭行
會、本道亦即直關該邑、依此舉行、無敢一毫違越。方欲別遣御史、隨後書下送、以考舉行勤慢、雖一物取於
民、一民無價使役、則道伯・地方官及奉命之人當之。以此嚴飭。予於御極以
後、猶念民弊 胎封加築、尚今不許。況今番乎。又況一念憧憧、不欲張大乎。聞此下敎之後、雖下至京司
吏隸本・邑官屬、寧或有藉此貽弊於民邑乎。並以此意、謄關分付亦爲敎是置、傳敎内事意、奉審施行
爲乎矣、其中本監笏記中 書下條件、別錄于左爲旀、今當舉國歡欣之時、聖念特軫於貽弊民邑、凡諸應行
之事、皆從節省、至擧寧越胎峯、不許加築而爲敎。其在仰體之道、豈敢一毫放忽是旀、今番役事、不用石
物、則至爲簡省、軍丁使役、不過三數日、事既無前例、雖不定數、要不出四五十人、皆以傍近居住之民儲
置米會減、給價使用爲旀、至於後錄雜物段置、亦以儲置會減、勿拘前例多寡、必皆省減、無負不欲張大之
聖意爲旀、京司吏隸・營邑官屬、每當事役、必有貽弊之端。此亦各別嚴飭爲乎矣、若有從後現發之事、不
但犯者之被勘、道臣・守令、亦難免不飭之責、十分另念、仰副申復之 下敎爲只爲。 直關本道監營。

別錄笏記書下條件。

石物、瓮石・盖石・内誌石。

瓦瓮足矣。瓮石及盖石、盖石・内誌石、置之、内誌石、尤不緊置之事 書下。

啓依允　乾隆五十五年七月初九日右副承旨臣徐

一觀象監提調爲相考事　元子阿只氏一章　胎峯本道報恩縣內俗離下乙坐辛向草記　亇下教是乎章以藏　胎吉日今庚戌年八

月十二日辰時始役同月初四日卯時開基同月初八日辰時告后土祭同月同日曉頭先行發胎同月初四日卯時　胎神安慰徐封土後臨時謝

后土祭事畢後臨時爲章如推擇爲有置令七月初七日　傳曰安胎藏胎時所用雜物及後民皆用儲置米一依書下舉行之意自本監

即爲措辭行會本道亦卽直關該邑依此舉行無敢一毫違越方欲別遣御史隨後下送以考舉行勤慢雖一物取於民一民無價使

後則道伯地方官及奉　命之人當之以此嚴飭以石爲名之物一切勿用予於御極以後猶念民弊胎封加等尚令不許況今番又況念憧

憧不欲張大乎聞此下教之後雖下至京司吏隸本邑官屬寧或有藉此胎獎於民邑乎並以此意騰關分付亦爲教是置　傳教內

事意奉審施行爲乎矣其中本監謄記中　書下條件別錄于左爲旀今當舉國歡欣之時　聖念特軫於胎獎民邑凡諸應行之事

皆從節省至舉寧越　胎峯不許加等而爲　教其在仰體之道豈敢一毫放忽是旀今番役事不用石物則至爲簡省軍丁使役不過

三數日事既無前例雖不定數要不出四五十人皆以傍近居住之民儲置米會減給價使用爲旀至於後錄雜物段置亦以儲置會減勿

拘前例多寡必皆省減無貽不欲張大之　聖意爲旀京司吏隸營邑官屬每當事役必有胎獎之端此亦各別嚴飭爲乎矣若有從

後現發之事不伹犯者之被勘道臣守令亦難免不飭之責十分另念仰副申復之　下敎爲只爲　直關本道監營

別錄箚記書下條件

石物甕石蓋石內識石

尾崖足矢崖石及蓋石置之內識石尤不緊置之事　書下

傳曰、允。

一。吏曹 安胎使單洪檍。

傳曰、今聞安胎使、以從一品以上差出、前例皆然。昨日啓下之人、時帶藥院、更爲差出事、分付。從事官置之事亦爲分付。

一。吏曹 安胎使單吳載純。

一。觀象監爲牒報事。元子阿只氏一等 胎封、定於忠淸道報恩縣內俗離下乙坐辛向草記、允下敎是乎等以、藏胎吉日、今庚戌年八月十二日辰時、 始役、同月初四日卯時、 開基、同月初八日辰時、 告后土祭、同月同日曉頭、先行發 胎、同月初四日卯時、 胎神安慰祭·封土後臨時謝后土祭、事畢後臨時、爲等如推擇爲有於、向前安 胎時所入京各司進排雜物等、前儀軌相考、後錄牒呈爲去乎、依前例預先進排事、各司良中、前期知委、道路修治、亦令畿營·忠淸兩道擧行、俾無窘速之弊爲只爲。

後。

樓子一。（因下敎用樓子。）

丹木柒橛一。紅染熟麻縛多繪二十四把。三甲條所三巨里。（已上繕工監。）別文方席一立。六張

付白紋地衣一浮。柳笥一部。油盖也一部。（已上用後還下。）楮注紙二卷。槇塗紙五張。單幅紙一張。（已上長興庫。）朱

砂七錢。牛黃三分。石雄黃二兩。龍腦二分。（已上典醫監。）金銀各六分。五色綃各三尺。毛獐皮四張。胎缸結裹

鄕毛氈一浮半。（已上戶曹。）青布一疋。青鼎紬四幅付甲裌一。青鄕絲三甲繩十尺。青鼎紬三尺。（已上濟用監。）杻炬四

柄。（工曹。）柒燭四柄。（義盈庫。）香祝。（香室。）擔軍五十名。近仗引路二名。使令一名。（皆着青冠服。已上兵曹。）薰草三束。（司僕寺。）

道路修治。（京畿·忠淸兩道。）報禮曹、禮曹 啓目、粘連牒呈是白有亦。向前、元子阿只氏安胎時所用雜物、令各該司、急速上下進排爲白乎矣、道路修治乙良、亦令畿營·忠淸兩道監司、趁卽擧行事、移文知委、何如。

傳曰先

一吏曹　安胎使單洪檍

傳曰今聞安胎使以從一品以上差出前例皆然昨日啓下之人時帶藥院更爲差出事分付從事官置之事亦爲分付

一吏曹　安胎使單吳載純

一觀象監爲牒報事　元子阿只氏一房　胎峯定於忠淸道報恩縣內俗離下乙坐辛向草記　允下教是乎等以藏　胎吉日今庚戌年

八月十二日辰時始役同月初四日卯時開基同月初八日辰時告后土祭同月同日曉頭先行發　胎同月初四日卯時　胎神安慰祭封土

後臨時謝后土祭事畢後臨時爲旀如推擇爲有旀向前安胎時所入京各司進排雜物等前儀軌相考後錄牒呈爲去乎依前例

預先進排事各司良中前期知委道路修治亦令畿營忠淸兩道擧行俾無窘速之弊爲只爲

後

樓子一〔目下敎 用樓子〕　丹木溢樻一　紅染熟麻縛多繪二十四把　三甲條所三巨里〔已上繕工監〕　別文方席一立　六張付白紋地衣一浮　柳笥一部油

盖也一部〔已上用後還下〕　楮注紙二卷　樻塗紙五張　單幅紙一張〔已上長興庫〕　朱砂七戈　牛黃二分　石雄黃二兩　龍腦二分〔已上典醫監〕　金銀各六分

五色綃各三尺　毛狄皮四張　胎缸結裹鄕毛氈一浮半〔已上戶曹〕　青布一疋　青緋紬四幅付甲袱一　青鄕絲三甲繩十尺　青緋紬三尺〔已上濟用監〕

扭炬四柄〔工曹〕　裕燭四柄〔義盈庫〕　香祝〔香室〕　擔軍十五名近仗引路二名使令一名〔皆著青冠服已上兵曹〕　薰草三束〔司僕寺〕　道路修治〔京畿忠淸兩道報禮曹〕禮曹　啓目粘

連牒呈是白有亦向前　元子阿只氏安胎時所用雜物令各該司急速上下進排爲白乎矣道路修治乙良亦令畿營忠淸兩道監司趁

即擧行事移文知委何如

使令。

安胎使。

從事官、抹下。

監役官。

本邑守令事　書下。

陪胎官、本監官員。

監役官。

奏時兼傳香兼事　書下。

藏胎時諸種、自該道分定舉行。

比前例、務從省減、皆用儲置米事　書下。

傳曰、安胎藏胎時所用雜物及役民、皆用儲置米、一依書下舉行之意、自本監、即爲措辭行會、本道亦即直關該邑、依此舉行、無敢一毫違越。方欲別遣御史、隨後下送、以考舉行勤慢。雖一物取於民、一民無價使役、則道伯・地方官及奉命之人當之、以此嚴飭。以石爲名之物、一切勿用。予於御極以後、猶念民弊、胎封加築、尚今不許、況今番乎。又況一念憧憧、不欲張大乎。聞此下敎之後、雖下至京司吏隷・本邑官屬、寧或藉此貽弊於民邑乎。並以此意、謄關分付。

一。觀象監官員、以提調意啓曰、元子阿只氏藏、胎吉地、以忠清道報恩縣俗離下乙坐辛向完定事、命下矣。吉地旣爲完定、安胎吉日時、日官推擇以入、何如。

使令

安胎使

從事官　抹下

監役官

本邑守令事　書下

陪胎官本監官員

葬時無傳香無事　書下

藏胎時諸種自該道分定擧行

比前例務從省減皆用儲置米事　書下

傳曰安胎藏胎時雨用雜物及役民皆用儲置米一依書下擧行之意自本監即爲措辦行會本道亦即直關該邑依此擧行無敢一

毫違越方欲別遣御史隨後下送以考擧行勤慢雖一物取於民一民無價使役則道伯地方官及奉命之人當之以此嚴飭以石

爲名之物一切勿用予於御極以後猶念民弊胎封加等尙今不許況今番于又況一念憧憧不欲張大乎聞此下敎之後雖下至原司

吏隷本邑官屬寧或藉此胎獎於民邑子並以此意謄關分付

一觀象監官員以提調意

啓曰　元子阿只氏藏　胎吉地以忠淸道報恩縣俗離下乙坐辛向完定事　命下矣吉地既爲完定安胎吉日時令日官推擇以　伏如

石物、瓮石・盖石・内誌石。

瓦瓮足矣。瓮石及盖石、置之。内誌石、尤不緊、置之事 書下。

役軍、一百名。

以附近居民儲置米給價使用、既無石役、則亦何必多用事 書下。

僧軍、一百名。

除之事 書下。

胎缸、奉安時各司進排。

樓子、抹下。

丹木染樻。

容入措備、長廣相稱、如煖帽家事 書下。

胎缸結裹雜物。

依例爲之事 書下。

擔持軍、三十名。

樻子既小、量宜定數事 書下。

引路。

石物龕石盖石內識石

尾龕足矣龕石及盖石置之內識石尤不緊置之事　書下

役軍一百名

以附近居民儲置米給價使用既無石役則亦何必多用事　書下

僧軍一百名

除之事　書下

胎缸奉安時各司進排

樓子　抹下

丹木添損

容入措備長廣相稱如煖帽家事　書下

胎缸結裹雜物

依例爲之事　書下

擔持軍三十名

擯子既小量宜定數事　書下

引路

乾隆五十五年八月 日忠清道報恩縣

元子阿只氏安胎謄錄。

庚戌六月二十四日

傳曰、藏胎吉日、從近推擇。凡係貽弊民邑之事、今令該監・一提調詳考前例、務加節省。此亦祈永之意。仍以此

意、待處所稟定後、令廟堂行會、嚴飭胎封該道。

一。觀象監官員、以提調意

啓曰、藏胎吉日時、從近推擇事、命下矣。取考本監所在謄錄、則其中坐向吉利地、只是原春道洪川北面文

巖山下辛坐之原、忠清道報恩縣内俗離下乙坐之原、陰城縣北五里外方築洞未坐之原三處、而入錄已爲年久、

難保無頃、依舊例、發送本監相地官、更加看審後備望以入、待稟下、以爲涓吉之地、何如。

傳曰允。

一。相地官趙弘度、除肅拜、忠清道報恩陰城縣等地下去。

一。七月初六日、相地官趙弘度入來 肅拜。

一。初七日、一提調入侍事 下敎 而病不入 侍。自政院 口傳 下敎曰、安胎時凡諸擧行、以笏記書入、而安胎處

所、則以報恩單望書入、石物一無措備、只以安胎缸奉安可也

一。安胎時所入笏記。

乾隆五十五年八月　日忠清道報恩縣

元子阿只氏安胎謄錄

庚戌六月二十四日

傳曰藏胎吉日從近推擇凡係貽弊民邑之事令該監一提調詳考前例務加節省此亦祈永之意仍以此意待慶所稟定後令

廟堂行會嚴飭胎封該道

一觀象監官員以提調意

啓曰藏胎吉日時從近推擇事　命下矣取考本監所在謄錄則其中坐向吉利地只是原春道洪川北面文巖山下辛坐之原忠清道

報恩縣內俗離下乙坐之原陰城縣北五里外方等洞未坐之原三處而入錄已為年久難保無頉依舊例發送本監相地官更加看審後

備望以入待　稟下以為消吉之地何如

傳曰允

一相地官趙弘度除肅拜忠清道報恩陰城縣等地下去

一七月初六日相地官趙弘度入来　肅拜

一初七日一提調入侍事　下教而病不入　侍自政院　口傳　下教曰安胎時凡諸擧行以笒記書入而安胎處所則以報恩單望書入石物一

無措備只以安胎缸奉安可也

一安胎時所入笒記

충청도 보은현 원자아기씨 안태등록

김동석 譯

(민족문화추진회 국역위원)

건륭(乾隆) 55년(1790, 正祖14) 8월 일

충청도(忠淸道) 보은현(報恩縣)

원자아기씨(元子阿只氏) 안태등록(安胎謄錄)

1. 경술년(庚戌年, 1790, 正祖14) 6월 24일, 전교(傳敎)하기를,

"장태(藏胎)할 길일(吉日)을 가까운 날로 추택(推擇)하라. 무릇 민읍(民邑)에 폐(弊)를 끼치는 일은, 이번에 해감(該監)과 일제조(一提調)로 하여금 전례(前例)를 상고(詳考)하게 하여, 될 수 있는 대로 더 절생(節省)하도록 하라. 이 또한 국운이 장구하기를 비는 뜻이다. 이어서 이러한 뜻을, 장태 처소(藏胎處所)를 품정(稟定)하기를 기다렸다가, 묘당(廟堂)으로 하여금 행회(行會)하게 하여 태봉(胎封)할 해도(該道)에 엄히 신칙(申飭)하라."

하였다.

1. 관상감(觀象監)의 관원(官員)이 제조(提調)의 뜻으로 아뢰기를,

"'장태(藏胎)할 길일을 가까운 날로 추택하라'고 명하셨습니다. 관상감에 있는 등록(謄錄)을 가져다 상고해보니, 그 가운데 좌향(坐向)이 길리(吉利)한 곳은 오직 원춘도(原春道) 홍천(洪川) 북면(北面)의 문암산(文嚴山) 아래 신좌(辛坐)의 자리와 충청도(忠淸道) 보은현(報恩縣) 내속리(內俗離) 아래 을좌(乙坐)의 자리와 음성현(陰城縣) 북쪽 5리 밖의 방축동(方築洞)의 미좌(未坐)의 자리 세 곳뿐이었습니다. 그러나 입록(入錄)한 지가 이미 여러 해 되어 그 자리가 무탈(無頉)함을 보장할 수 없으니, 구례(舊例)에 따라 관상감의 상지관(相地官)을 보내어 다시 더 간심(看審)해 본 뒤에 망단자(望單子)를 갖추어 들이고 품하(稟下)하시기를 기다려 길일을 고르도록 함이 어떻겠습니까?"

하니, 전교하기를

"윤허(允許)한다."

고 하였다.

1. 상지관 조홍도(趙弘度)가 숙배(肅拜)의 예(禮) 없이 충청도 보은현과 음성현 등지(等地)로 내려갔다.

1. 7월 6일, 상지관 조흥도가 들어와서 숙배하였다.

1. 7월 7일, '일제조(一提調)는 입시(入侍)하라'고 하교하였으나, 병(病)으로 입시하지 못하였다. 정원(政院)에서 구전(口傳)으로 하교하기를,

"안태(安胎)할 때의 모든 거행(擧行)을 홀기(笏記)로 써 들이되, 안태할 처소는 보은(報恩)으로 한다고 단망(單望)으로 써 들일 것이며, 석물(石物)은 하나도 마련하지 말고 다만 안태항(安胎缸)만 봉안(奉安)함이 좋겠다."

고 하였다.

1. 안태(安胎)할 때 들인 홀기이다.

- 석물(石物): 옹석(瓮石), 개석(蓋石), 내지석(內誌石). — 이에 대해 '와옹(瓦瓮)이면 충분하다. 옹석과 개석은 그만두고, 내지석은 더더욱 긴요하지 않으니 그만두라.' 고 서하(書下)하였다.

- 역군(役軍): 100명. — 이에 대해 '부근에 사는 백성들의 저치미(儲置米)로써 역가(役價)를 주고 부리도록 하되, 이미 석역(石役)이 없는 이상에는 또한 어찌 꼭 많이 부리겠는가.' 라고 서하하였다.

- 승군(僧軍): 100명. — 이에 대해 '제외하라'고 서하하였다.

- 태항(胎缸): 봉안(奉安)할 때 각사(各司)에서 진배(進排)함.

- 누자(樓子): 지워 없앴음.

- 단목(丹木)으로 만든 칠궤(漆櫃). — 이에 대해 '태항을 들여놓을 수 있도록 마련하되 그 길이와 폭이 서로 걸맞도록 하는 일은 난모가(煖帽家 난모(煖帽)를 넣어두는 집)와 같이 하라'고 서하하였다.

- 태항을 묶는 여러 가지 잡물(雜物). — 이에 대해 '규례(規例)에 따라 하라'고 서하하였다.

- 담지군(擔持軍): 30명. — 이에 대해 '궤자(櫃子)가 아주 작으니, 적의(適宜)하게 명수(名數)를 정하라'고 서하하였다.

- 인로(引路).

- 전령(傳令).

- 안태사(安胎使).

- 종사관(從事官): 지워 없앴음.

- 감역관(監役官). — 이에 대해 '본읍(本邑)의 수령(守令)이 맡으라'고 서하하였다.

- 배태관(陪胎官): 관상감의 관원. — 이에 대해 '주시관(奏時官) 겸 전향관(傳香官)이 겸임하라'고 서하하였다.

- 장태(藏胎)할 때의 여러 가지 물종(物種): 해도(該道)에서 분정(分定)하여 거행함. — 이에 대해 '전례(前例)에 비해 될 수 있는 대로 생감(省減)하도록 하고, 모두 저치미를 사용하라'고 서하하였다. 그리고 전교하기를,

"'안태(安胎)하고 장태(藏胎)할 때 쓸 잡물(雜物)과 역민(役民)에 대해서는 모두 저치미를 사용하되, 한결같이 서하한 대로 거행하라'는 뜻을 관상감에서 즉시 말을 잘 만들어 행회(行會)하도록 하고, 충청도에서도 또한 즉시 해읍(該邑)에 관문(關文)을 보내도록 하여, 이에 따라 거행하게 하고 감히 조금이라도 어기는 일이 없게 하라. 지금 막 별도로 보내는 어사(御史)를 뒤따라 내려보내어 거행(擧行)의 근면(勤勉)함과 태만(怠慢)함을 살펴보게 하려 한다. 그리하여 한 가지 물건이라도 백성으로부터 거두거나 한 사람의 백성이라도 역가(役價)를 치르지 않고, 사역(使役)할 경우에는 도백(道伯)과 지방관(地方官), 그리고 봉명(奉命)한 사람을 처벌할 것이다. 이로써 엄히 신칙하라. 돌[石]이라는 이름을 지닌 물건은 일절 쓰지 말라. 나는 등극(登極)한 이후에도 역시 백성들에게 폐 끼치는 일을 염려한 나머지 태봉

(胎封)한 데에 가축(加築)하는 일을 아직까지 윤허하지 않았는데, 하물며 이번의 일이겠는가. 또 더군다나 한결같은 생각으로 마음을 졸이며 일을 크게 벌리고자 하지 않는 경우임에랴. 이 하교를 들은 뒤에는 비록 아래로 경사(京司)의 이례(吏隷)들과 본읍의 관속(官屬)들이라 할지라도 어찌 혹시나마 이 일을 빙자하여 민읍(民邑)에 폐를 끼치겠는가. 이러한 뜻을 아울러 등서(謄書)하여 관문(關文)으로 분부하라."

하였다.

1. 관상감의 관원이 제조(提調)의 뜻으로 아뢰기를,

"'원자아기씨(元子阿只氏)의 장태 길지(吉地)를 충청도(忠淸道) 보은현(報恩縣) 속리(俗離) 아래 을좌신향(乙坐辛向)의 자리로 완정(完定)하라'고 명하셨습니다. 길지를 이미 완정하였으니, 안태할 길일(吉日)과 길시(吉時)를 일관(日官)으로 하여금 추택하여 들이게 함이 어떻겠습니까?"

하니, 전교하기를

"윤허(允許)한다."

고 하였다.

1. 이조(吏曹)가 안태사(安胎使)로 홍억(洪檍)을 단망(單望)하였다. 이에 전교하기를,

"지금 듣건대 안태사는 종1품 이상의 사람으로써 차출(差出)한다고 하는데, 전례(前例)도 모두 그러하다. 어제 계하(啓下)한 사람은 현재 약원(藥院)의 직임을 겸대하고 있으니, 다시 차출하라고 분부하라. 종사관은 그만두라는 것도 또한 분부하라."

하였다.

1. 이조가 안태사로 오재순(吳載純)을 단망하였다.

1. "관상감이 첩보(牒報)하는 일입니다. '원자아기씨의 일등(一等) 태봉(胎峯)을 충청도(忠淸道) 보은현(報恩縣) 내속리(內俗離) 아래 을좌신향(乙坐辛向)의 자리로 정한다'는 초기(草記)를 윤허하여 내리셨으므로, 장태(藏胎)하는 길일은 이번 경술년(1790,正祖14) 8월 12일 진시(辰時)로 하고, 시역(始役)은 같은 달 4일 묘시(卯時)에 하고, 개기(開基)는 같은 달 8일 진시에 하고, 후토(后土)에게 지내는 고유제(告由祭)는 같은 달 같은 날 새벽에 하고, 먼저 가서 발태(發胎)하는 일은 같은 달 4일 묘시에 하고, 태신(胎神)에게 지내는 안위제(安慰祭) 및 봉토(封土)한 뒤 정한 때에 이르러 후토(后土)에게 사례(謝禮)하는 제사는 역사(役事)를 마친 후 그 때에 이르러 행하는 것으로 한꺼번에 추택하였으며, 앞에서 말한 안태(安胎)할 때 들일 경각사(京各司)의 진배물(進排物) 등에 대해서는 종전의 의궤(儀軌)를 상고(相考)한 다음 후록(後錄)하여 첩정(牒呈)하니 전례(前例)에 따라 미리 진배(進排)하라고 각사(各司)에 기일 전에 알릴 것이며, 도로를 보수하는 일도 또한 경기감영(京畿監營)과 충청도 두 도(道)로 하여금 거행하게 함으로써 군속(窘速)하게 되는 폐단이 없도록 할 일입니다."

후록(後錄).

누자(樓子) 1개. ─하교로 인하여 누자(樓子)를 씀.─ 단목(丹木)으로 만든 칠궤(漆櫃) 1개. 홍색(紅色)으로 물들인 숙마(熟麻)로 짠 박다위[縛多繪] 24파(把). 세 겹 가닥으로 꼬아 만든 바[三甲條所] 3꾸리[巨里]. ─이상은 선공감(繕工監)임─

별문(別紋)을 넣은 방석(方席) 1닢[立]. 여섯 장을 붙여 만든 백문(白紋)의 지의(紙衣) 1뜸[浮]. 유사(柳笥) 1개[部]. 기름 먹인 개야(蓋也) 1개[部].─이상은 사용한 뒤에 도로 내려줄 것임─ 저주지(楮注紙) 2권(卷). 궤자(櫃子)를 바를 종이 5장(張). 단폭지(單幅紙) 1장(張).─이상은 장흥고(長興庫)임─ 주사(朱砂) 7돈[錢]. 우황(牛黃) 2푼[分]. 석응황(石雄黃) 2냥(兩). 용뇌(龍腦) 2푼[分].─이상은 전의감(典醫監)임─ 금(金)·은(銀) 각 6푼[分]. 다섯 가지 색의 비단[綃] 각 3자[尺]. 모장피(毛獐皮) 4장(張). 태항(胎缸)을 묶는 데 쓸 향모전(鄕毛氈) 1뜸[浮] 반(半).─이상은 호조(戶曹)임─ 청포(靑布) 1필(疋). 청정주(靑鼎紬) 네 폭을 붙여 만든 겹보[甲褓] 1개. 청향사(靑鄕絲) 세 겹으로 꼰 끈 10자[尺]. 청정주(靑鼎紬) 3자[尺].─이상은 제용감(濟用監)임─ 싸리 홰[柮炬] 4자루[柄].─호조(戶曹)임─ 칠촉(漆燭) 4자루[柄].─의영고(義盈庫)임─ 향촉(香祝).─향실(香室)임─ 담군(擔軍) 15명. 근장 인로(近仗引路) 2명. 사령(使令) 1명.─모두 청색(靑色)의 관복(冠服) 입음. 병조(兵曹)임─ 고초(藁草) 3묶음[束].─사복시(司僕寺)임─ 도로의 보수.─경기(京畿)·충청(忠淸) 두 도(道)임─

이상과 같이 예조(禮曹)에 첩보하니, 예조의 계목(啓目)에,

"첩정(牒呈)을 점련(粘連)하였사오며, 앞에서 말한 원자아기씨의 태를 안태할 때 쓸 잡물(雜物)은 각 해사(該司)로 하여금 급속히 차하(上下)하여 진배(進排)하게 하시오되, 도로를 보수하는 일은 경기감영과 충청도 두 도(道)의 감사(監司)로 하여금 진작 거행하라고 이문(移文)하여 알려주는 것이 어떻겠습니까?"

하니,

"아뢴 일은 그대로 윤허한다"

하였다.

건륭(乾隆) 55년 7월 9일 우부승지(右副承旨) 신(臣) 서(徐).

1. "관상감의 제조가 상고(相考)하는 일입니다. '원자아기씨의 일등(一等) 태봉(胎峯)을 충청도(忠淸道) 보은현(報恩縣) 내속리(內俗離) 아래 을좌신향(乙坐辛向)의 자리로 정한다'는 초기(草記)를 윤허하여 내리셨으므로, 장태(藏胎)하는 길일은 이번 경술년(1790,正祖14) 8월 12일 진시(辰時)로 하고, 시역(始役)은 같은 달 4일 묘시(卯時)에 하고, 개기(開基)는 같은 달 8일 진시에 하고, 후토(后土)에게 지내는 고유제(告由祭)는 같은 달 같은 날 새벽에 하고, 먼저 가서 발태(發胎)하는 일은 같은 달 4일 묘시에 하고, 태신(胎神)에게 지내는 안위제(安慰祭) 및 봉토(封土)한 뒤 정한 때에 이르러 후토(后土)에게 사례(謝禮)하는 제사는 역사(役事)를 마친 후 그 때에 이르러 행하는 것으로 한꺼번에 추택하였습니다. 그리고 이번 7월 7일 전교하기를, 「안태(安胎)하고 장태(藏胎)할 때 쓸 잡물(雜物)과 역민(役民)에 대해서는 모두 저치미를 사봉하되, 한결같이 서하한 대로 거행하라」고 한 뜻을 관상감에서 즉시 말을 잘 만들어 행회(行會)하도록 하고, 충청도에서도 또한 즉시 해읍(該邑)에 관문(關文)을 보내도록 하여, 이에 따라 거행하게 하고 감히 조금이라도 어기는 일이 없게 하라. 지금 막 별도로 보내는 어사(御史)를 뒤따라 내려보내어 거행(擧行)의 근면(勤勉)함과 태만(怠慢)함을 살펴보게 하려 한다. 그리하여 한 가지 물건이라도 백성으로부터 거두거나 한 사람의 백성이라도 역가(役價)를 치르지 않고 사역(使役)할 경우에는 도백(道伯)과 지방관(地方官), 그리고 봉명(奉命)한 사람을 처벌할 것이다. 이로써 엄히 신칙하라. 돌[石]이라는 이름을 지닌 물건은 일절 쓰지 말라. 나는 등극(登極)한 이후에도 역시 백성들에게 폐 끼치는 일을 염려한 나머지 태봉(胎封)한 데에 가축(加築)하는 일을 아직까지 윤허하지 않았는데, 하물며 이번의 일이겠는가. 또 더군다나 한결같은 생각으로 마음을 졸이며 일을 크게 벌리고자 하지 않는 경우임에랴. 이 하교를 들은 뒤에는 비록 아래로 경사(京司)의 이례(吏隷)들과 본읍의 관속(官屬)들이라 할지

라도 어찌 혹시나마 이 일을 빙자하여 민읍(民邑)에 폐를 끼치겠는가. 이러한 뜻을 아울러 등서(謄書)하여 관문(關文)으로 분부하라.'고 하셨습니다. 전교(傳敎) 내의 뜻은 봉심(奉審)하여 시행(施行)하오되, 그 가운데 관상감의 홀기(笏記) 중에 서하(書下)한 조건(條件 조목 또는 조항)은 아래에 별록(別錄)하겠습니다. 그리고 지금 온 나라가 기뻐하는 때를 당하여 성상(聖上)께서는 특별히 민읍(民邑)에 폐(弊) 끼치는 일을 염려하시어 응당 행해야 할 제반 일들을 모두 절생(節省)하는 쪽을 따르시고 심지어 영월(寧越)의 태봉(胎峯) 일을 거행함에 대해 가축(加築)하기를 윤허하지 않는다고 전교하시니, 우러러 성상의 뜻을 본받아야 하는 도리로 볼 때 어찌 감히 추호인들 방심하여 소홀히 할 수 있겠습니까. 이번의 역사(役事)에서 석물(石物)을 사용하지 않을 경우 지극히 일이 간이(簡易)하고 생략(省略)되어 군정(軍丁)을 사역(使役)하는 것이 불과 수삼 일을 지나지 않을 터이며, 이런 일은 이미 전례(前例)가 없어서 비록 그 수효를 정하지 못한다 하더라도 요컨대 4, 50인을 넘지 않을 것이니, 모두 부근에 사는 백성들의 저치미(儲置米)를 회감(會減)하여 역가(役價)를 주고 부리도록 할 것입니다. 그리고 후록(後錄)하는 잡물(雜物)에 대해서도 역시 저치미로써 회감하되 전례(前例)에서의 많고 적음에 구애되지 말고 반드시 모두 생감(省減)함으로써 크게 벌리고자 하지 않는 성의(聖意)를 저버리는 일이 없도록 할 것이며, 경사(京司)의 이례(吏隷)들과 영읍(營邑)의 관속(官屬)들은 매양 사역(使役)을 당할 때마다 반드시 폐단을 끼치는 일이 있으니, 이 또한 각별히 엄칙(嚴飭)하되, 만약 이 뒤로 발각(發覺)되는 일이 있으면 위반한 자만 처벌당할 뿐 아니라 도신(道臣)과 수령(守令)도 역시 신칙(申飭)하지 못한 책임을 면하지 못할 것임을 십분 특별히 유념(留念)하고 거듭 반복하는 하교에 우러러 부응할 일입니다."―곧바로 충청도의 감영에 관문(關文)을 보냄―

홀기(笏記)에 서하(書下)한 조건(條件 항목)들을 별록(別錄)함.

- 석물(石物) : 옹석(瓮石), 개석(蓋石), 내지석(内誌石). ―이에 대해 '와옹(瓦瓮)이면 충분하다. 옹석과 개석은 그만두고, 내지석은 더더욱 긴요하지 않으니 그만두라.' 고 서하(書下)하였다.

- 역군(役軍) : 100명. ―이에 대해 '부근에 사는 백성들의 저치미(儲置米)로써 역가(役價)를 주고 부리도록 하되, 이미 석물(石物)이 없는 이상에는 역군(役軍)도 또한 어찌 꼭 많이 부리겠는가.' 라고 서하하였다.

- 승군(僧軍) : 100명. ―이에 대해 '제외하라' 고 서하하였다.

- 태항(胎缸) : 봉안(奉安)할 때 각사(各司)에서 진배(進排)함.

- 누자(樓子) : 지위 없앴음.

- 단목(丹木)으로 만든 칠궤(漆櫃). ―이에 대해 '태항을 들여놓을 수 있도록 마련하되 그 길이와 폭이 서로 걸맞도록 하는 일은 난모가(煖帽家 난모(煖帽)를 넣어두는 집)와 같이 하라' 고 서하하였다.

- 태항을 묶는 여러 가지 잡물(雜物). ―이에 대해 '규례(規例)에 따라 하라' 고 서하하였다.

- 담지군(擔持軍) : 30명. ―이에 대해 '궤자(櫃子)가 아주 작으니, 적의(適宜)하게 명수(名數)를 정하라' 고 서하하였다.

- 인로(引路).

- 전령(傳令).

- 안태사(安胎使).

- 종사관(從事官) : 지위 없앴음.

- 감역관(監役官). ―이에 대해 '본읍(本邑)의 수령(守令)이 맡으라' 고 서하하였다.

- 배태관(陪胎官) : 관상감의 관원. ―이에 대해 '주시관(奏時官) 겸 전향관(傳香官)이 겸임하라' 고 서하하였다.

— 장태(藏胎)할 때의 여러 가지 물종(物種) : 해도(該道)에서 분정(分定)하여 거행함. —이에 대해 '전례(前例)에 비해 될 수 있는 대로 생감(省減)하도록 하고, 모두 저치미를 사용하라'고 서하하였다.

잡종(雜種 잡물)을 후록(後錄)함.

역군(役軍) : 전교(傳敎)에 따라 고군(雇軍)을 사용함. 치토장(治土匠) 1명. 감탕(甘湯) 2냥. 필묵(筆墨)과 공사지(公事紙) 3권. —응입(應入)하는 물종임— 대(大)·소(小) 장막(帳幕) 각 1건(件). 초둔(草芚) 7번(番). 여섯 장을 불여 만든 백문(白紋)의 지의(紙衣) 1건(件). —도로 내려줄 것임— 빈 섬[空石] 200닢[立]. 유사(柳笥) 2개[部]. —사용한 뒤에 도로 내려줄 것임— 어람(御覽)할 등록책(謄錄冊) 1건(件). 돈후지(敦厚紙) 15장(張). 홍색(紅色) 옷감. 의궤(儀軌) 4건(件) 감으로 쓸 도련지(搗練紙) 2권(卷). 홍색 옷감으로 쓸 세포(細布). 남염(藍染)을 한 큰 금두정(金頭丁 머리를 쇠로 만든 정). 안태사(安胎使). 배태관(陪胎官). 향배 서원(香陪書員). 주시 서원(奏時書員). 공궤(供饋). 누기(漏器)를 배설(排設)하는 제구(諸具). —이상은 본관(本官)임— 후토(后土)에게 지내는 고유제(告由祭). 태신(胎神)에게 지내는 안위제(安慰祭). 후토(后土)에게 사례(謝禮)하는 제사. 헌관(獻官) : 본읍(本邑)의 수령. 제 집사(諸執事) : 본읍의 유생(儒生). 태봉(胎峯) 지기 2명(名) : 본읍의 한정(閑丁)을 초정(抄定)함.

1. "관상감의 제조가 상고(相考)하는 일입니다. '원자아기씨의 일등(一等) 태봉(胎峯)을 충청도(忠淸道) 보은현(報恩縣) 내속리(內俗離) 아래 을좌신향(乙坐辛向)의 자리로 정한다'는 초기(草記)를 윤허하여 내리셨으므로, 장태(藏胎)하는 길일은 이번 경술년(1790,正祖14) 8월 12일 진시(辰時)로 하고, 시역(始役)은 같은 달 4일 묘시(卯時)에 하고, 개기(開基)는 같은 달 8일 진시에 하고, 후토(后土)에게 지내는 고유제(告由祭)는 같은 달 같은 날 새벽에 하고, 먼저 가서 발태(發胎)하는 일은 같은 달 4일 묘시에 하고, 태신(胎神)에게 지내는 안위제(安慰祭) 및 봉토(封土)한 뒤 정한 때에 이르러 후토(后土)에게 사례(謝禮)하는 제사는 역사(役事)를 마친 후 그 때에 이르러 행하는 것으로 한꺼번에 추택하였습니다. 그리고 이번 7월 7일 전교하기를, 「안태(安胎)하고 장태(藏胎)할 때 쓸 잡물(雜物)과 역민(役民)에 대해서는 모두 저치미를 사용하되, 한결같이 서하한 대로 거행하라」고 한 뜻을 관상감에서 즉시 말을 잘 만들어 행회(行會)하도록 하고, 충청도에서도 또한 즉시 해읍(該邑)에 관문(關文)을 보내도록 하여, 이에 따라 거행하게 하고 감히 조금이라도 어기는 일이 없게 하라. 지금 막 별도로 보내는 어사(御史)를 뒤따라 내려보내어 거행(擧行)의 근면(勤勉)함과 태만(怠慢)함을 살펴보게 하려 한다. 그리하여 한 가지 물건이라도 백성으로부터 거두거나 한 사람의 백성이라도 역가(役價)를 치르지 않고 사역(使役)할 경우에는 도백(道伯)과 지방관(地方官), 그리고 봉명(奉命)한 사람을 처벌할 것이다. 이로써 엄히 신칙하라. 돌[石]이라는 이름을 지닌 물건은 일절 쓰지 말라. 나는 등극(登極)한 이후에도 역시 백성들에게 폐 끼치는 일을 염려한 나머지 태봉(胎峯)에 가축(加築)하는 일을 아직까지 윤허하지 않았는데, 하물며 이번의 일이겠는가. 또 더군다나 한결같은 생각으로 마음을 졸이며 일을 크게 벌리고자 하지 않는 경우임에랴. 이 하교를 들은 뒤에는 비록 아래로 경사(京司)의 이례(吏隸)들과 본읍의 관속(官屬)들이라 할지라도 어찌 혹시나마 이 일을 빙자하여 민읍(民邑)에 폐를 끼치겠는가. 이러한 뜻을 아울러 등서(謄書)하여 관문(關文)으로 분부하라.'고 하셨습니다. 전교(傳敎) 내의 뜻은 봉심(奉審)하여 시행(施行)하오되, 그 가운데 관상감의 홀기(笏記) 중에 서하(書下)한 조건(條件 조목 또는 조항)은 아래에 별록(別錄)하겠습니다. 그리고 지금 온 나라가 기뻐하는 때를 당하여 성상(聖上)께서는 특별히 민읍(民邑)에 폐(弊) 끼치는 일을 염려하시어 응당 행해야 할 제반 일들을 모두 절생(節省)하는 쪽을 따르시고 심지어 영월(寧越)의 태봉(胎峯) 일을 거행함에 대해 가축(加築)하기를 윤허하지 않는다고 전교하시니, 우러러 성상의 뜻을 본받아야 하는 도리로 볼 때 어찌 감히 추호인들 방심하여 소홀히 할 수 있겠습니까. 이

번의 역사(役事)에서 석물(石物)을 사용하지 않을 경우 지극히 일이 간이(簡易)하고 생략(省略)되어 군정(軍丁)을 사역(使役)하는 것이 불과 수삼 일을 지나지 않을 터이며, 이런 일은 이미 전례(前例)가 없어서 비록 그 수효를 정하지 못한다 하더라도 요컨대 4,50인을 넘지 않을 것이니, 모두 부근에 사는 백성들의 저치미(儲置米)를 회감(會減)하여 역가(役價)를 주고 부리도록 할 것입니다. 그리고 후록(後錄)하는 잡물(雜物)에 대해서도 역시 저치미로써 회감하되 전례(前例)에서의 많고 적음에 구애되지 말고 반드시 모두 생감(省減)함으로써 크게 벌리고자 하지 않는 성의(聖意)를 저버리는 일이 없도록 할 것이며, 경사(京司)의 이례(吏隸)들과 영읍(營邑)의 관속(官屬)들은 매양 사역(使役)을 당할 때마다 반드시 폐단을 끼치는 일이 있으니, 이 또한 각별히 엄칙(嚴飭)하되, 만약 이 뒤로 발각(發覺)되는 일이 있으면 위반한 자만 처벌당할 뿐 아니라 도신(道臣)과 수령(守令)도 역시 신칙(申飭)하지 못한 책임을 면하지 못할 것임을 십분 특별히 유념(留念)하고 거듭 반복하는 하교에 우러러 부응할 일입니다. 그리고 보은현(報恩縣)의 수령은 이미 감역관(監役官)의 직임을 겸대(兼帶)하고 있으니 처음 시역(始役)할 때부터 모두 전적(專的)으로 담당하고 또 민폐의 유무에 대해서도 응당 상세히 살펴야 할 것이며, 본읍의 하속(下屬)들뿐만 아니라 상영(上營)의 이배(吏輩)들이나 경사(京司)의 하인(下人)들이라 할지라도 만약 작폐(作弊)하는 일이 있으면 각별히 통금(痛禁)하고 엄치(嚴治)하여 특별히 진념(軫念)하시는 효험이 있도록 할 일입니다.”─곧바로 보은현(報恩縣)에 관문(關文)을 보냄─ ─홀기(笏記)를 후록(後錄)함. 전항도 같음.─

1. 관상감의 관원이 제조의 뜻으로 아뢰기를,

“이번 원자아기씨(元子阿只氏)의 태항(胎缸)을 봉안할 때 옹석(甕石)을 쓰지 않고 와옹(瓦甕)으로 대신하는 점에 대해서는, 비록 성상께서 일을 크게 벌리고자 하지 않으시려는 뜻과 백성들을 번거롭게 하지 않으시려는 뜻을 우러러 존경합니다만, 아래에서 모시는 신자(臣子)의 도리로 볼 때 실로 민망스러운 심정을 이길 수 없습니다. 이는 대개 막중하고 막대한 일이어서 이와 같이 하여서는 아니 되기 때문입니다. 삼가 생각건대 석옹(石甕)의 경우에는 바위를 떠내어 갈고 다듬을 적에 역사(役事)가 크고 물력(物力)도 많이 소요됩니다만, 호서(湖西)에 일종의 연석(軟石)이 있어서 민간에서 혹 구멍을 뚫어 그릇을 만들기도 하고 쪼아내어 솥을 만들기도 하니, 그것을 다루기란 지극히 쉽고 노고는 기와를 구워내는 것보다 더 절약되는데, 단단하고 튼튼하여 수명이 길기는 도자(陶瓷)나 기와와 비견(比肩)됩니다. 그런데 지금에 미쳐서야 ‘해도(該道)의 도신(道臣)에게 관문(關文)을 발송하여 연석(軟石)을 채취해다가 옹기(甕器) 모양으로 깎아 만들게 하고 또 개석(蓋石)도 만들게 하여 사용한다면, 아마도 일을 신중히 하는 도리에 부합할 것이다’고 명하신 지가 여러 날이 되었음을 비로소 깨닫게 되었으니, 황송함을 이기지 못하겠습니다. 감히 아룁니다.”

하니, 전교하기를,

“이에 따라 하는 것이 좋겠다.”

하였다.

1. “관상감의 제조가 상고(相考)하는 일입니다. 이번에 안태(安胎)함에는 석물(石物) 가운데 옹석(甕石)을 쓰지 않고 와옹(瓦甕)으로 대신하라고 이 앞에 이미 행회(行會)하였습니다. 이 달 23일 관상감에서 아뢰기를, ‘이번 원자아기씨(元子阿只氏)의 태항(胎缸)을 봉안할 때 옹석(甕石)을 쓰지 않고 와옹(瓦甕)으로 대신하는 점에 대해서는, 비록 성상께서 일을 크게 벌리고자 하지 않으시려는 뜻과 백성들을 번거롭게 하지 않으시려는 뜻을 우러러 존경합니다만, 아래에서 모시는 신자(臣子)의 도리로 볼 때 실로 민망스러운 심정을 이길 수 없습니다. 이는 대개 막중하고 막대한 일이

어서 이와 같이 하여서는 아니 되기 때문입니다. 삼가 생각건대 석옹(石瓮)의 경우에는 바위를 떠내어 갈고 다듬을 적에 역사(役事)가 크고 물력(物力)도 많이 소요됩니다만, 호서(湖西)에 일종의 연석(軟石)이 있어서 민간에서 혹 구멍을 뚫어 그릇을 만들기도 하고 쪼아내어 솥을 만들기도 하니, 그것을 다루기란 지극히 쉽고 노고는 기와를 구워내는 것보다 더 절약되는데, 단단하고 튼튼하여 수명이 길기는 도자(陶瓷)나 기와와는 비교할 바도 아닙니다. 그런데 지금에 미쳐서야 「해도(該道)의 도신(道臣)에게 관문(關文)을 발송하여 연석(軟石)을 채취해다가 옹기(甕器) 모양으로 깎아 만들게 하고 또 개석(蓋石)도 만들게 하여 사용한다면, 아마도 일을 신중히 하는 도리에 부합할 것이다」고 명하신 지가 여러 날이 되었음을 비로소 깨닫게 되었으니, 황송함을 이기지 못하겠습니다. 감히 아룁니다.' 하였는데, 비교(批教 비답(批答)하여 전교(傳教)함)한 내용에, '이에 따라 하는 것이 좋겠다.' 하였습니다. 전교 내의 뜻은 봉심하여 시행할 것입니다. 그런데 도내(道內)의 예산(禮山) 등 여러 고을에 연석(軟石)이 있어서 민간에서 언제나 많이 채취하여 사용하니 그것을 구하기가 어렵지 않지만, 지금 날짜가 매우 촉박하고 조성(造成)하는 일이 시급하니, 관문(關文)이 도착되는 즉시 연석이 있는 곳에 성화(星火)같이 알려주어 즉각 옹석(瓮石)과 개석(蓋石)을 조성(造成)하여 들여다 사용하도록 하되, 그 둘레와 지름의 크고 작기는 될 수 있는 대로 돈후(敦厚)한 쪽을 쫓아 만들어낸 뒤에 향모전(鄕毛氈)으로 봉과(封裹 봉(封)하여 쌈)하고, 그 다음에 초석(草席) 등의 물건으로 규례에 따라 봉과하며, 봉과하는 물종(物種)에 대해서도 저치미로써 회감할 것입니다. 그리고 관문(關文)이 도착하는 일시에 즉각 회이(回移)함으로써 증거(證據) 삼도록 함이 마땅하겠습니다.」 −곧바로 충청도 감영에 관문(關文)을 보냄 −

  1. 태항(胎缸)을 모시고 내려갈 때의 절차이다.

  액정서(掖庭署)에서 기일(期日)에 앞서 태항(胎缸)을 설치하고, 장경문(長慶門) 밖에서 막차(幕次)에 봉안(奉安)하였다. 그 날 안태사(安胎使) 이하의 관원들이 모두 흑단령(黑團領)을 착용하고 막차(幕次) 앞에 나아갔다. 때가 되자 승지(承旨)가 집복헌(集福軒)에 나아가 태항을 받들어 낸 다음 영복문(永福門)을 통해 막차 앞에 이르러 안태사에게 전해주었다. 태항을 막차에 안치(安置)한 다음 모장피(毛獐皮)와 향모전(鄕毛氈)으로 쌌다. −장피(獐皮)와 모전(毛氈)을 사용하지 않고 내하(內下)한 홍전(紅氈)으로 쌌다− 태항을 받들어 함(函)에 안치하고 누자(樓子)에 담은 뒤 돈화문(敦化門) 정로(正路)를 통하여 나갔다. −고취(鼓吹)가 전도(前導)하였다− 8월 8일에 보은현(報恩縣)에 도착하였으며, 11일에 속리(俗離) 아래의 태봉(胎峯)에 나아가서 누자(樓子)를 막차에 봉안하였다.

  1. 안태(安胎)한 절차이다.

  8월 12일 진시(辰時)에 안태사(安胎使) 이하의 관원들이 모두 흑단령(黑團領)을 착용하고 누자(樓子)를 태봉(胎峯) 위로 모셨다. 태항(胎缸)을 받들어 내어 작은 막차(幕次)에 안치(安置)하였다. 빈 공간을 메운 홍전(紅氈)과 바깥 도자(陶瓷) 항아리를 제거하고 청향사(靑鄕絲) 세 겹으로 꼰 끈으로 더 봉과(封裹)한 뒤 주사(朱砂)로 쓰기를 −원자아기씨(元子阿只氏)의 태(胎)임. 안태사(安胎使) 신(臣) 성명(姓名). −라 하였다. 감탕(甘湯 갖풀과 송진을 함께 끓여 만든 풀)으로 항아리 뚜껑의 틈에 육사(鋈砂 구리 가루와 모래)를 발랐으며, 청정주(靑鼎紬) 3자[尺]로 태항을 잘 닦았다. 진시(辰時)에 석옹(石瓮) 속에 안치하였으되 봉(封)한 부위가 앞을 향하도록 하였다. 청(靑)·황(黃)·적(赤)·백(白)·흑(黑) 다섯 가지 색의 비단[綃] 각 3자[尺]를 그 색에 해당하는 방위(方位)에 놓고, 금(金)·은(銀) 각 6푼[分] 씩을 중앙에 놓은 뒤에 청정주(靑鼎紬) 3자[尺], 겹보[甲褓] 1개, 단폭지(單幅紙) 1장을 차례차례 항아리 위에 덮고, 또 주사(朱砂) 7돈[錢], 우황(牛黃) 2푼[分], 용뇌(龍腦) 2푼[分], 석웅황(石雄黃) 2냥[兩]을 서로 섞어 항아리 바깥 쪽 네 면(面)

에 산포(散布)하였다. 마침내 개석(蓋石)을 덮고 또 기름과 회(灰)로써 개석(蓋石)의 틈을 바른 다음 좋은 황토흙으로
단단히 다져서 평토(平土)한 뒤에 태신(胎神)에게 지내는 안위제(安慰祭)를 올렸다. 태실(胎室)을 짓고 사토(沙土)
로 봉(封)하였는데, 태실은 높이가 3자[尺]이고, 지름이 10자이며, 둘레가 30자이다. ―영조척(營造尺)을 사용하였다.― 후
토(后土)에게 사례(謝禮)하는 제사를 거행하였다.

1. 옹석(瓮石)과 개석(蓋石)의 경우, 충주(忠州) 땅에서 연석(軟石)을 떠낸 것이 석품(石品)이 가장 좋다. 연석을
태봉(胎峯) 아래에 운반해 놓고 연정(鍊精)해서 조성(造成)한 옹석(瓮石)은 높이가 2자 5치이고 둘레가 7자이며, 중
앙을 파낸 깊이가 1자 3치 5푼이고 원 둘레가 3자 9푼이며, 바닥을 뚫은 구멍은 깊이가 1자 1치 5푼이고 둘레가 4치
이다. 개석(蓋石)은 높이가 9치이고, 둘레가 7자이며, 파낸 깊이가 1치 5푼이다.

*18. 충청도에서 잡물(雜物)을 분정(分定)한 내역이다.
― 보은(報恩) : 역군(役軍) 80명(名). 저치미(儲置米). 고립(雇立). 태봉(胎峯)의 육면각(六面閣). 감탕(甘湯)
2냥(兩). 백필(白筆) 5자루[柄]. 진묵(眞墨) 5개[丁]. 공사지(公事紙) 3권(卷). 유사(柳笥) 2개[部]. ―도로 내려줄 것
임― 누기(漏器)를 배설(排設)하는 제구(諸具). ―모두 도로 내려줄 것임― 석회(石灰) 3되[升]. 뇌록(磊碌) 3되[升]. 들기
름[法油] 1말[斗]. 등록(謄錄)을 서사(書寫)하는 일. 후토(后土)에게 지내는 제사. 태신(胎神)에게 지내는 안위제(安
慰祭). 후토(后土)에게 사례(謝禮)하는 제사. 헌관(獻官). 제 집사(諸執事)인 유생(儒生). 잡물을 들여놓을 곳간[庫
間]. 안태사(安胎使)와 배태관(陪胎官)이 거처(居處)할 가가(假家). 누기(漏器)를 배설(排設)하는 곳의 가가(假
家).
― 충주(忠州) : 연석(軟石)으로 만든, 뚜껑을 갖춘 옹석(瓮石) 1개[坐]. 푸른 색의 자루[靑帒] 8개[件]. 푸른 색의
버선[靑襪] 20켤레[件]. ―사용한 뒤에 도로 내려줄 것임― 당주홍(唐朱紅) 2냥(兩). 등록책(謄錄冊)을 만드는 데 쓸 편철
(片鐵). 가는 끈[小索] 20꾸리[巨里]. 짚으로 짠 자리[草席] 4닢[立]. 세 겹 가닥으로 꼬아 만든 바[三甲條所] 10꾸리
[巨里].
― 청주(淸州) : 치토장(治土匠) 1명. 큰 장막[大帳幕] 1건(件). 초둔(草芚) 7건(件). ―모두 사용한 뒤에 도로 내려
줄 것임― 빈 섬[空石] 100닢[立]. 후토(后土)에게 지내는 제사에 쓸 제물(祭物). 각종 제사에 사용할 제기(祭器).
― 공주(公州) : 등록(謄錄) 용재(用材). 돈후지(敦厚紙) 15장(長). 홍색(紅色) 옷감. 의궤(儀軌) 4건(件) 감으
로 쓸 도련지(搗練紙) 2권(卷). 홍색 옷감. 의궤(儀軌)를 담을 궤자(櫃子) 1개[部]. 자물쇠가 달린, 붉은 색깔의 목궤
(木櫃) ― 예조(禮曹) 1건, 감영(監營) 1건, 본관(本官 보은현(報恩縣)) 1건.
― 옥천(沃川) : 여섯 장을 붙여 만든 지의(紙衣) 1건(件). 대(大)·중(中)·소(小)의 백석(白席). 넓은 백석[廣白
席] 6닢[立]. ―도로 내려줄 것임― 괴산(槐山)에서 마련한 빈 섬[空石] 100닢[立]. 납염(鑞染)을 채워넣은 큰 금두정(金
頭丁 머리를 쇠로 만든 정). 괭이[光伊] 2개. 가래[加乃] 2개. 도끼[斧子] 2개. 鍤 2개. ―모두 도로 내려줄 것임― 후토(后土)에
게 사례(謝禮)하는 제사에 쓸 제물. 송판(松板) 5닢[立]. ―도로 내려줄 것임―
― 공주(公州) : 어람(御覽)할 등록책(謄錄冊)을 쌀, 면주(綿紬)로 만든 홍색 보(褓) 1개. 당홍사(唐紅絲) 2꾸리
[巨里].
― 청안(淸安) : 태신(胎神)에게 지내는 안위제(安慰祭)에 쓸 제물.

1. 후토(后土)에게 고유(告由)하는 제사에 쓴 축문(祝文)이다.

"유(維) 건륭(乾隆) 55년 세차(歲次) 경술년(1790,正祖14), 초하루의 일진(日辰)이 기유(己酉)인 8월의 8일 병진(丙辰) 일에, 국왕(國王)은 삼가 신(臣) 보은현감(報恩縣監) 김재익(金載翼)을 파견하여 감히 후토(后土)의 신(神)에게 분명히 고(告)하나이다.

삼가 아뢰건대,

좋은 아침을 골라

태실(胎室)을 지었으니,

아! 억만년(億萬年)토록

영구히 아름다운 음덕(陰德)을 내려주소서.

이에 삼가 희생(犧牲)과 폐백(幣帛)과 예주(醴酒)와

서직(黍稷)과 기타 여러 가지 제수(祭需)들을

진설(陳設)하여 진헌(進獻)하오니,

바라건대 흠향(歆饗)하시옵소서."

1. 태신(胎神)에게 지내는 안위제(安慰祭)에 쓴 축문이다.

"유(維) 건륭(乾隆) 55년 세차(歲次) 경술년(1790,正祖14), 초하루의 일진(日辰)이 기유(己酉)인 8월의 12일 경신(庚申) 일에, 국왕(國王)은 삼가 신(臣) 보은현감(報恩縣監) 김재익(金載翼)을 파견하여 감히 태실(胎室)의 신(神)에게 분명히 고(告)하나이다.

삼가 아뢰건대,

태실이 이미 만들어졌으매

경건히 고하오니,

서기(瑞氣)를 듬뿍 어리게 하시고

무궁한 복록이 이어지도록 돌봐주소서.

이에 삼가 희생(犧牲)과 폐백(幣帛)과 예주(醴酒)와

서직(黍稷)과 기타 여러 가지 제수(祭需)들을

진설(陳設)하여 진헌(進獻)하오니,

바라건대 흠향(歆饗)하시옵소서."

1. 후토(后土)에게 사례(謝禮)하는 제사에 쓴 축문이다.

"유(維) 건륭(乾隆) 55년 세차(歲次) 경술년(1790,正祖14), 초하루의 일진(日辰)이 기유(己酉)인 8월의 12일 경신(庚申) 일에, 국왕(國王)은 삼가 신(臣) 보은현감(報恩縣監) 김재익(金載翼)을 파견하여 감히 후토(后土)의 신(神)에게 분명히 고(告)하나이다.

삼가 아뢰건대,

경사(慶事)스러운 의식이 거행되었음은

신명(神明)께서 돌보아주신 덕분이온데,

고을 이름도 '보은(報恩)'이라 하니

실로 우연(偶然)이 아니옵니다.

이에 삼가 희생(犧牲)과 폐백(幣帛)과 예주(醴酒)와

서직(黍稷)과 기타 여러 가지 제수(祭需)들을

진설(陳設)하여 진헌(進獻)하오니,

바라건대 흠향(歆饗)하시옵소서."

1. 제사를 거행한 의식(儀式)이다.

헌관(獻官)과 대축(大祝), 찬자(贊者), 알자(謁者), 축사(祝史), 재랑(齋郞)이 모두 제복(祭服)을 착용하고 제사를 거행하였는데, 거행할 시각에 이르러 외위(外位)에 나아갔다. 찬자와 알자가 먼저 배위(拜位 절하는 위치)에 나아가서 사배(四拜)한 뒤 각각 위치로 갔다.

찬자가 이르기를 "알자는 여러 집사(執事)들을 인도하여 들어가서 배위에 나아가 사배(四拜)하시오." 하였다. 이에 따라 국궁(鞠躬)하여 절하고 일어나서 몸을 바로 세웠다. 알자가 여러 집사들을 인도하여 관세위(盥洗位)에 나아가서 관세(盥洗)한 뒤에 각각 위치로 갔다.

찬자가 이르기를 "알자는 헌관(獻官)을 인도하여 들어가서 배위에 나아가 사배하시오." 하였다. 이에 따라 국궁하여 절하고 일어나서 몸을 바로 세웠다.

찬자가 이르기를 "알자는 헌관을 인도하여 관세위에 나아가시오." 하였다. 이에 관세하기를 마쳤으며, 헌관을 인도하여 신위(神位) 앞에 나아가서 무릎을 꿇어 앉았다. 집사 1인이 향로(香爐)를 받들고 1인이 향합(香盒)을 받들자 헌관이 세 번 향(香)을 사려올렸다. 집사가 향로를 신위 앞에 놓았다. 축사(祝史)가 폐백(幣帛)을 헌관에게 전해주어 헌관이 폐백을 바치자 축사와 집사가 그것을 신위 앞에 놓았으며, 그런 다음 부복(俯伏)하였다가 일어나서 내려와 원래의 위치로 되돌아갔다.

조금 있다가 찬자가 이르기를 "초헌례(初獻禮)를 행하시오." 하자, 알자가 헌관을 인도하여 준소(樽所)로 나아갔으며, 작(酌)으로 술을 떠 담자 인도하여 신위 앞으로 나아갔다. 재랑(齋郞)이 술을 떠 담은 작(酌)을 잡고 헌관에게 전해주니, 헌관이 작(酌)을 잡아 작(獻)을 올렸다. 이에 축사(祝史)가 작(酌)을 받아서 신위 앞에 놓았다. 부복(俯伏)하였다가 일어나서 조금 물러나와 무릎을 꿇고 앉았다. 대축(大祝)이 축문을 읽었다. 그런 다음 부복(俯伏)하였다가 일어나서 그대로 내려와 원래의 위치로 되돌아갔다.

조금 있다가 찬자가 이르기를 "아헌례(亞獻禮)를 행하시오." 하자, 알자가 헌관을 인도하여 준소(樽所)로 나아갔으며, 작(酌)으로 술을 떠 담자 인도하여 신위 앞으로 나아갔다. 재랑(齋郞)이 술을 떠 담은 작(酌)을 잡고 헌관에게 전해주니, 헌관이 작(酌)을 잡아 작(酌)을 올렸다. 이에 집사(執事)가 작(酌)을 받아서 신위 앞에 놓았다. 그리고 그대로 내려와 원래의 위치로 되돌아갔다.

조금 있다가 찬자가 이르기를 "종헌례(終獻禮)를 행하시오." 하자, 알자가 헌관을 인도하여 준소(樽所)로 나아갔는데, 예식을 거행하기를 모두 아헌례의 의식과 같이 하였다.

찬자가 이르기를 "사배하시오." 하여, 헌관이 국궁하여 사배하고 일어나서 몸을 바로 세웠다.

찬자가 이르기를 "변두(籩豆)를 거두어 예전에 있던 곳으로 옮기시오." 하였다.

찬자가 이르기를 "사배하시오." 하여, 헌관이 국궁하여 사배하고 일어나서 몸을 바로 세웠다.

찬자가 이르기를 "망예(望瘞)하시오." 하여, 알자가 헌관을 인도하여 망예위(望瘞位)에 나아갔다. 축사(祝史)가 광주리로 폐백과 축문을 받아 구덩이에 놓고 흙을 채웠다.

찬자가 이르기를 "알자는 헌관을 인도하여 차례로 나가시오." 하였다. 이에 알자와 여러 집사들이 모두 배위에 나아간 다음 국궁하여 사배하고 일어나서 몸을 바로 세웠다. 그러자 알자가 여러 집사들을 인도하여 나갔다.

찬자도 역시 배위에 나아가 사배하고 차례로 나갔다.

1. 각종 제사의 헌관(獻官)은 지방관(地方官)으로써 차정(差定)하여 그대로 종헌례를 행하고, 집사(執事)도 역시 본관(本官)의 유생(儒生)으로써 차정하며, 대축(大祝)·재랑(齋郎)·축사(祝史)·찬자(贊者)·알자(謁者)는 산재(散齋) 2일과 치재(致齋) 1일을 행한다.

1. 태봉(胎峯)의 화소(火巢)는 규례에 따라 200보(步)로써 정표(定標)하도록 한다.

1. 태봉(胎峯) 지기 2명은 본읍의 한정(閑丁)으로써 충정(充定)하도록 한다.

1. "안태사(安胎使) 숭정대부 행용양위사직 규장각검교제학(崇政大夫 行龍驤衛司直 奎章閣檢校提學) 신(臣) 오재순(吳載純)입니다. 신은 8월 4일 명을 받들어 태항(胎缸)을 모시고 발행(發行)하여 같은 달 8일 보은현에 도착하였으며, 11일 속리(俗離) 아래의 태봉(胎峯)에 나아갔고, 12일 진시(辰時)에 충청도 관찰사 신(臣) 정존중(鄭存中)과 함께 안태(安胎)하였사옵고, 태봉(胎峯)의 화소(火巢)는 규례에 따라 200보로써 정표(定標)하였사오며, 신 일행(一行)은 완역(完役)한 후명일(後明日)에 발행하여 되돌아 갈 예정이오니, 이러한 연유(緣由)를 아울러 치계(馳啓)하옵는 일입니다."

1. 간역 장교(看役將校)는 이춘혁(李春爀)이고, 색리(色吏)는 최흥달(崔興達)이며, 간역 영리(看役營吏)는 유필국(柳弼國)이고, 연석(軟石)을 연정(鍊精)한 석수(石手)는 지승만(池升萬)이며, 목수(木手)는 정기일(鄭起一)이고, 책장(冊匠)은 김재복(金再福)이다.

1. 향배서원(香陪書員) 겸 배태서원(陪胎書員)은 이익현(李益鉉)이고, 주시서원(奏時書員)은 박대희(朴大喜)이다.

'후토(后土)'에게 지내는 고유제(告由祭)', '태신(胎神)'에게 지내는 안위제(安慰祭)', '후토(后土)'에게 사례(謝禮)하는 제사'의 제상(祭床) 차림표[陳設圖].

시포(豕脯)	어해(魚醢)	녹해(鹿醢)	서(黍)	도(稻)	건조(乾棗)	녹포(鹿脯)
[돼지고기포]	[물고기젓갈]	[사슴고기젓갈]	[찰기장]	[벼]	[말린 대추]	[사슴고기포]

	근저(芹菹)	청저(靑菹)	직(稷)	양(粱)	형염(刑鹽)	황률(黃栗)
	[미나리김치]	[무김치]	[메기장]	[조]	[소금]	[밤]

시성(豕腥)   폐(幣)
[돼지생고기]   [비단]

작(爵)   작(爵)   작(爵)
[술잔]   [술잔]   [술잔]

촉(燭)   향로(香爐)   향합(香盒)   촉(燭)
[촛불]   [촛불]

준(樽)
[술통]

차사원(差使員) 겸 감역관(監役官) 중훈대부(中訓大夫) 행 보은현감(行報恩縣監)   신(臣) 김재익(金載翼) [착명(着名)].

가의대부(嘉義大夫) 충청도관찰사(忠淸道觀察使) 겸 순찰사(巡察使)   신(臣) 정존중(鄭存中) [착명(着名)].

배태관(陪胎官) 겸 전향관(傳香官)·주시관(奏時官) 통훈대부(通訓大夫) 관상감교수(觀象監敎授)   신(臣) 조현(趙憲澤) [착명(着名)].

안태사(安胎使) 숭정대부(崇政大夫) 행용양위사직(行龍驤衛司直) 규장각검교제학(奎章閣檢校提學)   신(臣) 오재순(吳載純) [착명(着名)].

왕실의 태봉도(胎封圖)

4

왕실의 태봉도(胎封圖)

윤진영

(한국학중앙연구원 장서각연구실 전문원)

Ⅰ. 머리말

태봉도는 국왕의 태(胎)를 묻은 태실(胎室)을 단장한 뒤, 그 주변의 길지적(吉地的) 형세를 그린 것으로 안태(安胎) 및 태실의 조성과 관련이 밀접한 그림이다. 왕실에서는 자손이 태어나면, 태를 소중히 다루어 길지(吉地)를 골라 안장(安藏)하고서 태실을 만드는 것이 관례였다. 그 뒤 태의 주인공이 왕위에 오르게 되면 기존의 태실에 석물(石物)을 조성하여 특별히 단장하였는데, 이를 '석물가봉(石物加封)' 이라 하였다. 석물가봉은 국왕의 태실로서 위용을 갖추기 위한 의례의 일환으로 왕실의 역사(役事)에 준하여 시행되었다. 왕명에 의해 해당 도(道)의 관찰사와 감역관(監役官)이 이를 주관하였으며, 그 과정을 상세히 기록한 의궤(儀軌)를 남겼다.[1] 또한 석물을 가봉한 뒤에는 왕의 태실과 주변 지세의 경관을 그려 어람용(御覽用)으로 왕실에 올렸는데, 이때 그려진 것이 바로 태봉도이다. 태봉도는 '태를 묻은 봉우리' 라는 의미의 '태봉도(胎峰圖)' 라고 표기되기도 하지만, 본고에서는 '태를 봉안한 곳' 이라는 뜻에 중점을 두어 '태봉도(胎封圖)' 로 지칭하겠다.

현존하는 태봉도로는 18세기 중엽이후에 제작된 〈장조태봉도(莊祖胎封圖)〉(1785), 〈순조태봉도(純祖胎封圖)〉(1806) 그리고 〈헌종태봉도(憲宗胎封圖)〉(1847) 등 장서각(藏書閣) 소장품 3점과 국립중앙박물관 소장의 〈헌종태봉도〉(1847) 1점이 전한다 (圖 2·3·5). 장서각 소장본은 애초에 왕실에 진상된 이후 왕실서고에 수장되었던 것으로 왕실수장품으로서의 내력이 분명한 사례이다. 3점 모두 족자로 장황(粧潢)되어 있으며, 현재의 한국학중앙연구원 장서각으로 전해진 이후에도 족자(簇子) 형식의 왕실탁본 자료와 함께 보관되어 왔다.

1. 규장각에 소장된 여러 편의 '胎室(加封)石欄干造排儀軌' 가 그 실례이다.

【圖1】 胎封圖 3점의 題簽 부분

왕실에 진상된 태봉도는 태실이 위치한 곳의 지세(地勢)와 석물이 가봉된 모습을 시각적으로 전달해주는 것이 주된 기능인만큼 기록성과 실용성이 강조된 그림이다. 그런데 특정 장소의 지형을 그린 점에서 보면 회화식(繪畵式) 지도(地圖)와 유사한 성격을 띠며, 또한 태실에 중점을 두고 주변의 지세를 그린 점은 묘도(墓圖) 혹은 산도(山圖)의 전통과도 무관하지 않은 것으로 이해된다. 그러나 무엇보다 중요한 것은 태봉도가 기존의 산도나 회화식 지도의 성격을 일면 지니면서도 그것만으로는 설명할 수 없는 태봉도의 독특한 특징을 갖추고 있다는 점이다. 따라서 장서각에 소장된 3점의 태봉도를 대상으로 그 현상과 관련 기록 그리고 태실의 조성 사실을 알아본 뒤, 도상의 특징을 심층적으로 살펴보는 것이 본고의 목적이다. 이를 통하여 실경도(實景圖)로서 갖는 태봉도의 정형성, 산도 및 회화식 지도와의 변별성, 그리고 제작시기에 따라 다르게 나타나는 도상의 변화 양상을 구체적으로 알아봄으로써 왕실에 소장되었던 태봉도에 대한 이해를 돕고자 한다.

Ⅱ. 태봉도의 사례와 현상

장서각 소장의 태봉도 3점은 영조에서 순조 연간에 제작된 것으로 왕실에 올려진 이후 왕실수장품(王室收藏品)으로 전해져 왔다. 구한말까지는 왕실 서고의 하나인 봉모당(奉謨堂)에 소장되었는데,[2] 이는 1910년에 필사한 『봉모당봉장서목(奉謨堂奉藏書目)』에 기록된 3건의 태봉도 제명(題名)을 통해 알 수 있다.[3] 그리고 이 제명의 실물에 해당하는 것이 바로 장서각에 소장된 태봉도 3점이었음이 확인된다. 장서각 소장본의 족자(簇子) 겉면에 적힌 제명과 『봉모당봉장서목』에 수록된 제명이 동일한 종으로 파악되기 때문이다. 태봉도 3점의 족자에 적힌 제첨(題簽)을 『봉모당봉장서목』의 것과 비교해 보면 다음과 같다.

『奉謨堂奉藏書目』의 제명	簇子 제첨의 제명
莊祖胎封圖(二幅)	莊祖胎封山圖
純祖胎封山圖簇子(一)	純祖胎封山圖
憲宗胎室石物加封圖簇子(一)	憲宗大王胎室石物加封圖簇子

[표 1] 태봉도의 제명 비교

[표 1]에서 『봉모당봉장서목』의 목록은 제첨의 제명에 근거하여 기록한 것임을 알 수 있다. 그런데 제첨은 태봉도의 제작 당시가 아닌 1910년경에 써서 원래의 족자에 붙인 것이다. 한 예로 '장조태봉산도(莊祖胎封山圖)' 족자는 1785년(정조 9)에 제작된 것이지만 제첨에 1899년(광무 3)에 추존된 장헌세자(莊獻世子)의 왕명(王名)인 '장조'로 표기되어 있어, 족자의 제명은 1899년 이후에 썼음을 알 수 있다(圖 1).[4] 〈순조태봉도〉와 〈헌종태봉

2. 봉모당은 1776년(정조 즉위년) 正祖가 설치한 奎章閣 內閣의 서고 가운데 한 곳으로 주로 御製·御筆·御畵·寶印·寶鑑 등을 보관하던 곳이다. 애초에 규장각의 本閣인 宙合樓 서남쪽 언덕 위에 있던 옛 閱武亭을 이용하였으나, 1857년(철종 8) 摛文院 북쪽의 大酉齋로 옮겼으며, 興宣大院君 집정 하에서는 宗親府에 소속되었다. 이후 갑오경장 때 宮內府 소속의 奎章院으로 개칭되었으며, 1911년에는 창덕궁에 신축한 건물로 이전되었다. 그런데 이 건물이 1969년 철거됨에 따라 昌慶園 내 藏書閣으로 옮겨진 뒤, 1981년 韓國精神文化硏究院으로 이관되었다.

3. 『奉謨堂奉藏書目』은 1910년(隆熙 4) 李王職에서 필사하여 편찬한 것으로, 일제 강점기 이전까지 봉모당에 소장된 자료의 목록을 기재한 것이다. 현재 藏書閣에 소장되어 있으며, 청구기호는 2-4647, 마이크로필름 번호는 MF35-495이다.

4. 제첨은 1910년 『奉謨堂奉藏書目』을 작성할 때 정리하여 기록한 것으로 보인다.

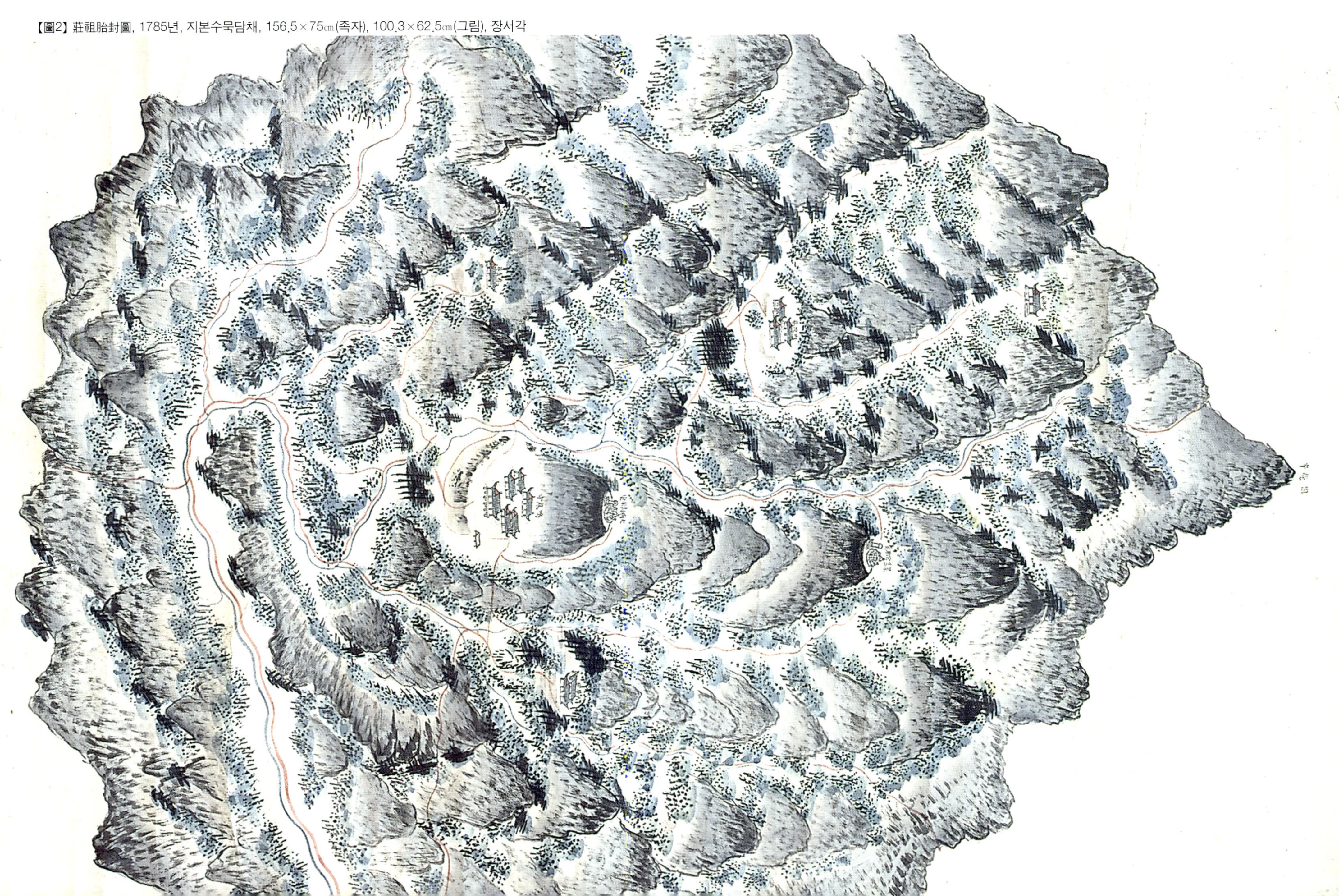

【圖2】 莊祖胎封圖, 1785년, 지본수묵담채, 156.5×75㎝(족자), 100.3×62.5㎝(그림), 장서각

도)의 제첨도 〈장조태봉도〉와 같은 형태인 점으로 보아, 태봉도 3점의 제첨은 제작당시가 아닌 1899년에서 1910년 사이에 일괄적으로 표기하여 붙여진 것으로 짐작된다. 또한 태봉도의 명칭은 『봉모당봉장서목』에 '태봉도(胎封圖)', '태봉산도(胎封山圖)', '태실석물가봉도(胎室石物加封圖)' 등 각기 다르게 표기되어 있지만, 이 역시 족자의 겉면에 붙은 제첨에 근거하여 기록한 것이라 생각된다. 따라서 이 태봉도 3점이 봉모당(奉謨堂)에 소장된 이래 1910년까지 온전히 보존되어 왔고, 지금까지 장서각에 소장되어 전해온 내력이 분명하게 파악된다.

장서각 소장의 태봉도가 『봉모당봉장서목』에 수록된 것은 곧 어람용(御覽用)으로 왕실에 들어갔던 것임을 말해준다. 그러나 〈장조태봉도〉의 경우는 『봉모당봉장서목』에 2폭이 소장되었던 기록으로 보아 어람용 이외에도 궁중에 들어 간 것이 더 있었음을 알 수 있다. 〈순조태봉도〉 또한 장서각 본 이외에 국립중앙박물관에 소장된 한 점이 확인되어,[5] 당시에 2점 이상이 제작되었음을 짐작하게 한다.

장서각 소장 3점의 태봉도가 갖는 공통점은 모두 석물을 가봉(加封)한 태실의 모습을 그린 점이다. 현존하는 3점만으로 단정할 수 없지만, 석물이 가봉된 왕의 태실만이 주로 그려진 것을 보면 가봉이 있을 때만 태봉도를 그려 궁중에 내입한 것이 관례였다고 생각된다. 따라서 이 3점의 태봉도는 왕의 태실로서의 위용을 갖추기 위한 석물 가봉을 완료한 뒤에 그린 것으로 보아야 하며, 이는 태봉도 3점의 제작 시기를 파악하는 데에도 결정적인 단서가 된다.

태봉도 3점의 제작 시점은 『조선왕조실록(朝鮮王朝實錄)』과 석물가봉을 마치고 작성한 의궤(儀軌)를 통해 모두 18세기 중·후반기에서 19세기중엽에 제작된 것임을 알 수 있다. 또한 태실의 각 소재지도 충청도(忠淸道)와 경상도(慶尙道)로 파악되는데, 가봉 연대와 함께 이를 정리해 보면 [표 2]와 같다.

태봉도명	태실조성 시기	석물가봉 시기	현 소재지	도판
莊祖胎封圖	1735年(영조 11)	1785年(정조 9)	慶北 醴泉郡 上里面 鳴鳳里	圖 2
純祖胎封圖	1790年(정조 14)	1806年(순조 6)	忠淸北道 報恩郡 內俗離面 사내리	圖 3·4
憲宗胎封圖	1827年(순조 27)	1847年(헌종 13)	忠淸南道 醴山郡 德山面 玉溪里	圖 5

[표 2] 장서각 소장 태봉도 일람표

왕의 태실은 대부분 하삼도(下三道)인 충청도·전라도·경상도 일대에 조성되었다. 그러나 역대의 왕들 가운데 성종과 중종(中宗)은 경기도에 태실을 두었고, 정조(正祖)는 강원도에 태실을 마련하였는데, 태실을 조성하는 데 있어서 지역에 대한 규제는 없었던 듯하다.[6] 그러나 태실의 소재지를 하삼도에 주로 정한 것은 특별한 이유보다도 옛 선인들이 남쪽을 길지로 여겼기 때문으로 보는 견해도 있다.[7]

다음으로 장서각 소장 태봉도 3점의 현상을 간략히 살펴보면, 모두 종이에 수묵담채(水

5. 국립중앙박물관 소장의 〈순조태봉도〉는 '報恩縣 俗離山胎峯圖' 라는 제목으로 등록되어 있다. 유물번호는 덕6374이다. 필자는 박물관에서 제공해준 흑백사진을 이용하여 참고할 수 있었다. 도움을 주신 김유식 학예관께 감사드린다.

6. 윤석인, 「朝鮮王室의 胎室石物에 관한 一研究」, 『文化財』 33호(國立文化財研究所, 2000), p. 102 참조.

7. 윤석인, 위의 論文, pp. 102~103.

【圖2-1】〈莊祖胎封圖〉의 敬慕宮의 胎室 부분

8. 그림의 상단과 좌·우변에는 글씨를 기록해 놓았는데, 상단에는 ① '보은현속리산태봉도(報恩縣俗離山胎峯圖)'라는 표제를 적었다. 우측 비단에는 ② '경술(庚戌) 태봉시감역관조헌택(胎封時監役官趙憲澤) 상당직조용사승전(相當職調用事承傳)'이라고 썼으며, 좌측 비단에는 ③ '경신잉가봉시감역관최선기(庚申仍加封時監役官崔選基) 상배남양감목관(賞拜南陽監牧官)'이라고 적어 놓았다. '庚戌 胎封時監役官趙憲澤 相當職調用事承傳'이라 기록한 것은 庚戌年인 1790년(정조 14)에 태실을 조성할 때 監役官이 趙憲澤이었는데, 태실의 조성을 마친 뒤 相當職에 調用하라는 傳敎가 있었던 사실을 기록한 것이다. 그런데 '庚申仍加封時監役官崔選基 賞拜南陽監牧官'는 기록에서는 庚申年(1800년, 순조 즉위년)에 가봉된 것으로 썼는데, 실제는 1806년(순조 6, 丙寅)에 가봉된 것이다. 아마 즉위년에 가봉이 있었던 것으로 짐작하여 잘 못 쓴 것으로 추정된다. 그리고 이때 감역관을 맡은 崔選基는 賞으로 南陽 監牧官에 제수되었음을 기록한 것이다.

9. 『純祖實錄』卷29, 純祖 27年(1827) 11月 癸丑(12日)條.

墨淡彩)를 사용하여 그렸으며, 족자의 형식으로 장황(粧潢)되어 있다.〈장조태봉도〉는 족자의 상·하단에 붙인 비단인 상회장(上回粧)과 하회장(下回粧) 및 그림의 사방에 돌린 비단인 사변(四邊)의 구분이 없으며, 그림을 제외한 족자 전체를 무늬 없는 하늘색 색지(色紙)로 장황한 상태이다(圖 2). 족자의 하단에는 목축(木軸)을 달았으며, 표죽(表竹) 상단에는 끈을 연결한 고리못인 석환(石環)과 끈이 원형의 상태대로 남아 있다. 족자와 화면의 상태 또한 비교적 양호한 편이다.

〈순조태봉도〉는 2점이 전한다(圖 3). 2점 모두 종이에 수묵담채로 그렸으며, 족자의 상·하회장(上·下回粧)에는 청색(靑色) 종이를 대었고, 상회장의 아래·위 길이가 하회장 보다 조금 길게 장황되었다. 회장지에는 문양이 없으며 일부 마모된 흔적이 있다. 사변 가운데 상·하변은 붙이지 않았고, 좌우의 변에만 황색 종이를 붙여 장황하였다. 장서각 소장본〈순조태봉도〉는 족자 하단에 목축을 달았고, 표죽 상단의 석환과 끈도 제작 당시의 것이 그대로 남아 있다(圖 3). 국립중앙박물관 소장의〈순조태봉도〉는 장서각 소장〈순조태봉도〉와 장황형태가 같고, 그림의 내용 또한 필치가 흡사하여, 한 사람의 화가가 그린 것으로 추정된다.[8]

〈헌종태봉도〉는 화면의 우측 상단에 '충청도덕산현가야산명월봉자좌(忠淸道德山縣伽倻山明月峯子坐) 성상태실석물가봉도(聖山胎室石物加封圖)'라고 적혀 있는데(圖 4-1), 이 기록만으로는 이 그림이 누구의 태실을 그린 것인지 알 수가 없다. 그러나 『순조실록(純祖實錄)』에 헌종 태실의 위치를 덕산현(德山縣) 가야산(伽倻山) 아래의 명월봉(明月峯)으로 기록한 기사가 있어,[9] 이 태봉도가 헌종의 태실을 그린 것임을 확인 할 수 있다.

태봉도가 어람용이었다는 사실과 관련하여 『[순조(純祖)]태실석난간조배의궤(胎室石欄干造排儀軌)』의 기록 가운데 감역소(監役所)에서 마련한 물품인 '어람족자궤(御覽簇子櫃) 일부(一部)'라는 항목이 주목된다.[10] 즉 어람용 족자를 담을 상자 1부를 제작하였다는 것이다. 의궤에는 여기에 넣을 품명을 밝히지 않았지만 태실비문을 탁본한 족자를 넣은 것으로 짐작된다. 비문 탁본은 비를 세우기 직전에 탁본한 것이기에 궤(櫃)를 미리 마련한 것으로 볼 수 있다. 태봉도의 경우는 가봉의 역사(役事)가 끝난 뒤에 그린 것이므로, 별도의 궤를 만들어 진상해야 했기에 의궤에 기록되지 않은 것으로 보인다. 그러나 비문 탁본과 태봉도의 제작시기는 큰 차이가 없었을 것으로 추정된다. 따라서 태봉도는 태실의 비문을 탁본한 것과 함께 제작된 것으로, 태실의 위치와 석물가봉의 모습을 기록하고 또한 보고하기 위한 용도로 왕실에 내입되었던 것이다.

장서각 소장 태봉도 3점은 족자의 규모와 그림의 크기도 각각 비슷한 상태이다. 족자의 장황에는 비단 대신에 종이를 사용하였고, 옥축(玉軸)이 아닌 목축(木軸)을 사용한 점으로 볼 때 고급스러운 장황이라고 볼 수는 없을 듯하다. 이러한 장황 형식은 그 수준이 저조해지는 18세기 후반이나 19세기 이후에 만들어진 왕실 비지류(碑誌類) 탁본(拓本)의 장황 형식과 비슷한 점이 많아, 족자의 장황 상태를 통해 제작 시기를 짐작해 볼 수 있는 사례가 된다.

Ⅲ. 태실의 조성과 석물가봉

출생한 아이의 태를 소중히 다룬 것은 조선시대의 일반 사가(私家)에서도 그러했지만, 왕실의 경우는 더욱 특별했다. 태는 태아에게 생명을 부여한 근원으로 간주되었을 뿐 아니라 태아의 일생에 미칠 길흉(吉凶)은 물론 왕실 및 국운(國運)과도 관련이 있다고 여겼기 때문이다. 따라서 왕위를 계승할 왕세자나 왕세손 등의 태는 엄정한 절차에 의해 명당을 물색하고 태실을 만들었다. 조선초기에는 태실의 조성에 도감(都監)을 두어 담당케 하기도 하였다.[11] 그러나 일반적으로 태를 안치할 장소와 길일의 선택은 관상감(觀象監)에서 담당하였고, 태의 호송과 태실의 역사(役事)는 선공감(繕工監)에서 맡아 주관하였다.[12]

태실석물의 구조는 왕자, 왕녀의 태실인 아지태실(阿只胎室)과 왕으로 등극함과 동시에 새롭게 조성된 가봉태실(加封胎室)로 구분된다. 왕자, 왕녀의 태실은 태봉의 정상에 원통형의 태함(胎函)을 묻고 그 안에 태항아리와 지석(誌石)을 넣은 다음 개첨석(蓋簷石)을 얹고 흙을 덮는 형식이었다.[13] 이와 같이 태를 봉안하는 의례는 『삼국사기(三國史記)』에 기록된 김유신(金庾信)의 태실에 관한 기록에서도 찾을 수 있어, 우리나라에서는 신라 때부터 관행이 있었음을 알 수 있다.[14] 이는 기록상으로 중국의 예보다 앞선 것이 되며,[15] 고려시대에 이르면 왕실 장태(藏胎)의 제도가 본격적으로 확립되었던 것으로 파악된다. 『고려사(高麗史)』와 『세종실록지리지(世宗實錄地理志)』에 수록된 고려의 역대 왕과 태자의 태를 묻은 기록들이 이를 뒷받침한다. 이러한 태실 조성의 제도는 조선시대로 이어져 더욱 활발히 실행되었다.

태실을 그린 그림은 조선초

【圖2-2】〈莊祖胎封圖〉의 敬慕宮의 胎室 부분

10. 『[純祖]胎室石欄干造排儀軌』(1806, 奎13968), 6面.

11. 胎室都監을 설치한 사례는 세종대의 실록기사에서 볼 수 있다. 『世宗實錄』卷1, 世宗卽位年 8月 辛卯(14日)條 참조.

12. 藏胎와 胎封 修改에 관한 모든 일은 啓辭와 狀啓, 甘結과 關文 등 공적인 文書를 통하여 엄정하게 처리하였다. 태실의 선정은 藏胎處의 備望, 藏胎 吉日의 선정으로부터 시작하여 雜物의 준비, 道路의 수선, 始役 · 開基 · 發胎 · 封土 · 告后土祭 · 胎神安慰祭 · 謝后土祭 등의 절차로 이루어졌다.

13. 윤석인, 앞의 論文, p. 104 참조.

14. 金富軾, 『三國史記』卷41 列傳 第1,「金庾信」上條. 萬弩郡今之鎭州 初以庾信胎藏之高山 至今謂之胎靈山; 胎室의 起源에 대해서는 윤석인, 위의 論文, pp. 96~99.

15. 중국에서는 국가적인 차원에서 胎室을 설치한 선례를 찾을 수 없다(윤석인, 앞의 論文, p. 96). 이와 관련하여 『宣祖修正實錄』에 "胎經의 說이 시작된 것은 신라, 고려 사이이고 중국에 예로부터 있었던 일은 아니다(『宣祖修正實錄』卷4, 宣祖 3年 2月 己亥(1日)條)"라고 기록된 내용이 참고된다.

【圖3】 純祖胎封圖, 1806년, 지본수묵담채, 135.0×100.5㎝(족자), 78.5×62.1㎝(그림), 장서각

기부터 제작된 사례가 확인된다. 태실 조성 예상지의 길지적(吉地的) 산수형세(山水形勢)
와 이미 만들어진 태실의 모습을 그려 이를 확인하고, 검토하도록 하기 위한 것이 '태실도
(胎室圖)' 혹은 '태실산도(胎室山圖)'를 제작한 목적이었다. 이는 아래에 예시한 『태조실
록(太祖實錄)』과 『세종실록(世宗實錄)』의 기사를 통해 더욱 구체적으로 살펴볼 수 있다.

(가) 태실증고사(胎室證考使) 권중화(權仲和)가 돌아와서 상언(上言)하기를 "전라도 진
동현(珍同縣)에서 고지(吉地)를 살펴 찾았습니다"하면서 이에 산수형세도(山水形勢圖)를
바쳤다.[16]

(나) 태실증고사(胎室證考使) 정이오(鄭以吾)가 진양(晉陽)으로부터 와서 태실산도(胎
室山圖)를 바치니, 그 산은 진주의 속현 곤명(昆明)에 있는 것이었다.[17]

위의 기사에서처럼 태실산도는 태실의 예정 위치와 길지의 형세를 왕에게 보고하기 위
한 목적에서 제작한 것이다. 엄밀히 말하면, 인용문 (가)와 (나)에 언급된 '산수형세도(山
水形勢圖)'와 '태실산도'는 태실을 조성하기 이전, 산수의 형세를 그린 지형도(地形圖)
의 형식을 말한 것이다. 그림의 명칭이 '산수형세도'와 '산도'로 기록된 점을 보면, 태실
의 자세한 모습보다 조성 장소와 그 입지조건을 간략히 그려 올린 그림으로 추정된다. 그
러나 이는 석물이 가봉된 태실의 모습을 그린 태봉도와는 차원이 다른 것으로 구분된다.

세종 이후의 왕조실록에는 태실산도에 대한 기록
이 나타나지 않으며, 태봉도에 대한 기록도 『조선왕
조실록』 전반에 걸쳐 보이지 않는다. 따라서 태봉산
도나 태봉도가 조선초기부터 후기까지 관행적으로
제작되었는지를 명확히 밝히기는 어려운 실정이다.
즉 태실의 조성과 석물 가봉은 조선조 전시기에 걸쳐
왕실 의례의 일종으로 준행되었지만, 그때마다 태봉
도를 그렸는지는 알 수가 없다. 이러한 실정에 비추
어 볼 때, 장서각 소장의 태봉도 3점은 정조대(正祖代
1776~1800) 이후부터 태봉도가 관행적으로 제작되
었음을 짐작케 하는 자료이다. 이 3점의 태봉도를 살
펴보기에 앞서 해당 태실의 조성과 석물가봉의 기록
을 간략히 정리해 보면 다음과 같다.

① 장조의 태실과 석물 가봉

장조(莊祖 1735~1762)는 영조(英祖)의 차남인 사
도세자(思悼世子)의 추존왕명(追尊王名)이다.[18] 장조

16. 『太祖實錄』 卷3, 太祖 2
年(1393) 1月 戊申(2日)條.

17. 『世宗實錄』 卷1, 世宗
卽位年(1418) 10月 辛丑
(25日)條

18. 莊獻世子는 1899년(광
무 3) 9월에 '莊宗'으로
追崇되었고(『高宗實錄』
卷39, 高宗 36年 9月 1日
(양력)), 같은 해 11월에
'莊祖'로 추존되었다(『高
宗實錄』 卷39, 高宗 36年
11月 13日(양력)).

【圖3-1】〈純祖胎封圖〉의 胎室 부분과 현재의 모습

【圖3-2】〈純祖胎封圖〉의 胎室 부분(위, 왼쪽)과 일제시대에 촬영한 법주사(위, 오른쪽),
현재의 법주사 내 팔상전 모습(아래)

의 태실은 탄생하던 해인 1735년(영조 11)에 경북 예천군(醴泉郡) 상리면(上里面) 명봉리 (鳴鳳里) 명봉사(鳴鳳寺) 뒤편에 조성되었다. 장조 태실의 위치는 구체적으로 알려져 있지 않으나, 『태봉등록(胎封謄錄)』에 "신태봉하유문종대왕태실(新胎峯下有文宗大王胎室)"로 기록되어 있어 문종대왕 태실 위쪽에 위치했던 것으로 파악되며,[19] 이는 〈장조태봉도〉에서도 확인된다(圖 2-2). 장조의 태실에 석물을 조성한 것은 정조 9년(1785)에 이루어졌다. 이 해 3월의 『정조실록』에 태실의 가봉을 마친 관료들의 품계를 올려주었다는 기록이 이를 뒷받침해 준다.[20] 당시는 사도세자에게 추존 왕명을 올리기 이전이지만, 이례적으로 왕의 태실에 준하여 석물을 단장한 것으로 보인다. 실록에는 태실의 이름이 '景慕宮胎室'로 기록되어 있다.[21]

② 순조의 태실과 석물 가봉(1806)

순조(純祖 1790~1834)의 태실은 순조가 태어난 1790년(정조 14)년에 조성되었다. 이때 원자(元子)의 태봉 길지를 보은현(報恩縣) 속리산(俗離山) 아래로 정하였다는 『정조실록』의 기사가 있다.[22] 태실 조성에 관한 또 다른 기록인 장서각 소장의 『원자아기씨안태등록 (元子阿只氏安胎謄錄)』(2-2908)에 의하면,[23] 태를 안장하는 일은 1790년(정조 14) 6월 관상감에 장태(藏胎)할 일시와 장소를 정해 올리라는 전교로부터 시작되었다. 이때 전국의 길지 3곳이 물망에 올랐는데, 그 중 한 곳인 충청도 보은현 내속리산 아래 지역을 안태지(安胎地)로 결정하였다. 그러나 순조 태실의 석물가봉은 순조가 왕위에 오른 뒤 6년이 지난 1806(순조 6)년에 이루어졌다. 이 과정은 규장각 소장의 『[순조(純祖)]태실석난간조배의궤(胎室石欄干造排儀軌)』(奎 13968)에 자세히 기록되어 있다. 이 위궤에 따르면, 석물가봉은 1806년 8월 1일부터 준비를 시작하여, 그 해 10월 12일에 완료된 것으로 되어 있다.[24]

③ 헌종의 태실과 석물 가봉(1847)

헌종(憲宗 1827~1849)의 태실은 탄생하던 해인 1827년(순조 27) 11월 11일에 조성되었

19. 『胎峯謄錄』, 英祖 乙卯年(1735, 영조11) 閏4月 17日條. 문조대왕 태실의 석물 가운데 胎室碑는 현재 경북 예천군 상리면 명봉리 소재 명봉사 내에 안치되어 있으며, 시도유형문화재 187호로 지정 되었다.

20. 『正祖實錄』, 卷19, 正祖 9年(1785) 3月 丁卯(18日)條. 景慕宮 胎室加封告訖 書標官以下施賞有差 書標官觀象監提調 洪良浩 陞正憲 監役官 豊基 郡守 李大永 陞通政.

21. 景慕宮은 1776년에 영조가 승하하고 세손 정조가 즉위하면서, 順化坊에 있던 思悼墓를 동부 崇敎坊 동쪽에 廟宇를 옮겨 짓고 지은 廟號이다.

22. 『正祖實錄』 卷 30, 正祖 14年(1790) 7月 甲申(6일)條.

23. 『藏書閣所藏謄錄解題』(韓國精神文化研究院, 2002), pp. 1~5 참조.

다. 안태사 이지연(李止淵)이 덕산현(德山縣) 가야산(加倻山) 아래의 명월봉(明月峯) 태봉소(胎封所)에 가서 태를 봉안하였다는 『순조실록(純祖實錄)』의 기사와[25] 이때 제작한 『원손아기씨안태등록(元孫阿只氏安胎謄錄)』(奎 13971)이 있다. 1834년에 순조가 죽자, 헌종은 8세의 어린 나이로 왕위에 올랐다. 그런데 헌종 태실의 석물 조성은 즉위한지 13년이 지난 1847년(헌종 13), 헌종의 나이 21세 때 이루어졌다. 즉위년에 석물을 가봉하는 관례로 보면 이례적인 경우이다. 그런데 헌종은 재위 15년 중 9년에 걸쳐 수재(水災)가 발생하였고, 잦은 모반(謀反) 사건이 일어나는 등 혼란한 정국을 맞았다. 따라서 태실의 석물 조성도 때에 맞추어 할만한 여건이 되지 못했던 것으로 짐작된다. 이후 헌종 태실의 석물 조성은 1845년(헌종 11) 좌의정 김도희(金道喜 1783~1860)의 청으로 시작되어 1846년 10월부터 추진되었으며, 1847년 3월 21일에 그 역사를 마쳤다. 여기에 대한 기록으로는 규장각 소장의 『성상태실가봉석난간조배의궤(聖上胎室加封石欄干造排儀軌)』(奎13973)가 있다.[26]

이상에서 살펴 본 바와 같이 아지태실의 조성은 예외 없이 탄생한 해에 있었지만, 왕위에 등극한 왕의 태실에 대한 석물의 가봉은 그 뒤시기에 이루어진 사실을 볼 수 있다. 일반적으로 보위에 오르는 해에 가봉을 하는 것이 원칙이지만, 순조와 헌종의 태실은 수년이 지난 뒤에 석물을 가봉한 사례이다. 그러나 태봉도의 제작은 석물 가봉이 있은 직후에 그려진 관례를 따라 제작되었다.

24. 이후 純祖胎室은 1928년에 朝鮮總督府에서 태항아리를 꺼내어 昌慶宮으로 옮길 때 일부 훼손되었으며, 1982년에 欄干 및 欄干童子를 해체하여 보수한 바 있다.

25. 『純祖實錄』 卷29, 純祖 27年(1827) 11月 癸丑(12日)條

26. 헌종의 태실은 일제강점기 때 西三陵으로 御胎를 옮긴 뒤 파괴된 채로 현재까지 남아 있다.

Ⅳ. 태봉도의 도상적 특징

이 장에서는 태봉도에 그려진 태실과 그 주변 경관의 표현에 나타난 특징들을 자세히 살펴보고자 한다. 태봉도의 구성과 형태적 특징에 대한 검토는 왕의 태실을 그린 태봉도를 이해하는데 있어서 가장 비중 있게 다루어져야 할 부분이다. 이는

【圖3-3】〈純祖胎封圖〉의 문장대 부분과 현재의 모습

【圖4】憲宗胎封圖, 1847년, 지본수묵담채, 133.0×78.0㎝(족자), 96.5×62.0㎝(그림), 장서각

회화사(繪畵史)의 영역에만 국한된 것이 아니라 태봉도의 일반적인 특성과 성격을 알아보는 데에도 관건이 되기 때문이다.

태봉도에서 가장 중요한 요소는 단연 태실의 모습이다. 태실이 어떤 길지적(吉地的) 조건을 갖춘 장소에 어떠한 모습으로 위치해 있는가를 시각적으로 보여주는 것이 태봉도의 일차적인 기능이다. 따라서 장서각 소장의 태봉도 3점에는 태실이 위치한 태봉을 화면의 중심에 두거나 강조하여 그렸고, 태봉을 둘러싼 주변 능선(稜線)을 높은 시점에서 조망한 것으로 구성하여 태실이 위치한 길지의 형세가 잘 드러나도록 하였다.

이와 같이 부감법(俯瞰法)을 적용하여 태실 전체의 지형과 지세를 표현한 것은 명산도(名山圖)의 '총도(總圖)' 혹은 '전도(全圖)'식 구도와 유사한 측면이 있다. 즉 태봉도는 실제 경물의 특징도 충실히 반영하였지만, 태실 주변의 주요 형세를 함축적으로 나타내는 데에도 큰 비중을 두었다. 태봉도에 길과 물길의 표시를 비롯하여 특정 경물들 간의 위치와 거리, 방향 등을 축약적으로 묘사한 지도(地圖)로서의 특색을 포함한 점이 그 구체적인 예이다. 이러한 요소는 기존의 산도(山圖)와 같은 지형도에서 볼 수 있는 공통적인 특징으로 설명될 수 있다. 그러나 태봉도가 명산도의 총도나 산도식 도상과 다른 점은 넓은 지형의 공간과 태실의 구체적인 모습을 한 화면에 절충시켜 그린 점과 회화적인 묘사가 보다 강조된 점을 들 수 있다.

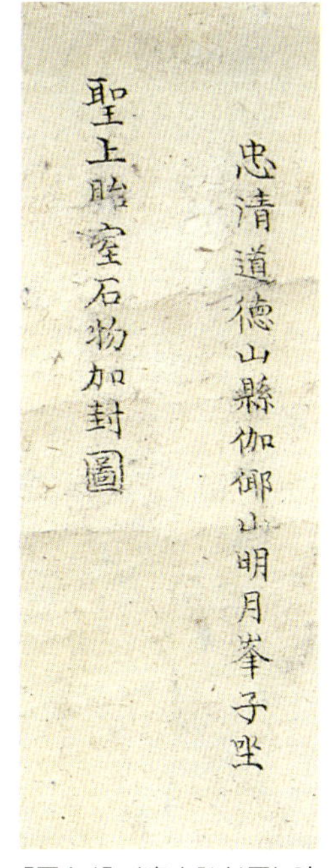

【圖4-1】〈憲宗胎封圖〉의 글씨 부분

전통적인 지형도와의 관계

장서각 소장 태봉도 3점의 도상에는 종래의 산도에서 볼 수 있는 표현요소와 그것에서 벗어난 탈산도적(脫山圖的) 요소가 함께 나타나 있다.

산도에서 볼 수 있는 일반적인 특징은 기본적으로 묘자리가 되는 혈좌(穴坐)를 중심으로 하여 남쪽에 배치한 안산(案山)과 수구(水口), 북쪽에 입수(入首) 및 내용(來龍)을 비롯한 태조산(太朝山)의 설정, 그리고 그 좌우에 내외의 산을 청룡과 백호로 배치하는 것이다. 또한 묘혈을 화면의 중앙에 놓고 각 사방으로 산봉우리를 눕힌 듯이 그리는 개화식(開花式) 구성을 취하거나, 묘역에서 360도를 조망하여 부감한 것처럼 원형(圓形)으로 배치하는 것이 일반적이다.

산도의 도상적 특성을 태봉도와 비교해 보면, 태봉도 도상의 변화 과정을 파악하는데 중요한 참고가 된다. 즉 태봉도에도 부분적으로 산도식 요소가 반영되었는데, 이 산도식 요소의 반영과 탈피라는 측면에서 보면, 장서각 소장의 태봉도 3점이 점진적으로 변화해가는 과정을 살펴보는 것이 가능해진다. 먼저 살펴볼 〈장조태봉산도〉는 부감법을 적용하여 특징적인 산형을 그렸지만, 그 우측과 하단은 산맥을 밖으로 뉘여 놓은 듯한 개화식 혹은 외반식(外盤式) 구성을 적용하였다(圖 2). 이러한 요소는 기존의 산도에서 볼 수 있는 특색으로써 태봉도의 도상에 이와 같은 산도식 표현요소가 부분적으로 절충되어 있음을 알려준다.

이러한 요소는 〈순조태봉도〉에서도 볼 수 있다. 〈순조태봉도〉의 도상은 직방형(直方

形)의 구성을 취했지만, 화면의 아래와 좌우 외곽에 놓인 산들은 외반식으로 뉘여져 있어
역시 전통적인 산도식 요소가 확인된다(圖 3). 그러나 〈순조태봉도〉와 〈장조태봉도〉를 비
교해 보면, 두 점 모두에서 공통적으로 산도식 요소가 산견되지만, 그 정도에는 차이가 있
음이 발견된다. 〈장조태봉도〉는 외반된 산열(山列)이 2중, 3중으로 되어 있지만(圖 2), 〈순
조태봉도〉의 외반식 표현은 가장자리에만 국한되어 있다(圖 3). 이는 〈순조태봉도〉의 산
도식 도상이 〈장조태봉도〉에 비해 부분적으로만 적용되었음을 말해주며, 〈순조태봉도〉
가 〈장조태봉도〉 보다 전통적인 산도의 요소를 한 단계 벗어나 있는 상태로 파악된다.

또한 〈순조태봉도〉는 기존의 산도식 지형도에서 더욱 발전된 경승도적(景勝圖的)인 특
징을 띠고 있음이 주목된다. 특히 〈순조태봉도〉에서 속리산의 全景을 그린 총도식의 구
성은 지도의 총도형식에서 비롯된 것으로 볼 수 있으며, 이 형식이 19세기 초기 지형도의
양상을 엿보게 한다는 사실에 중요한 의의가 있다. 이런 총도식 도상은 18세기 정선(鄭敾
1676~1759)이 그린 〈금강전도(金剛全圖)〉를 연상하게 하며, 19세기 말에 그려진 1899년
작 〈금강산대사찰도(金剛山大寺刹圖)〉와도 유사한 면이 있다. 일정 영역을 한 화면에 집
약적으로 묘사한 점과 부감법의 視點으로 넓은 경계를 조망한 점, 그리고 근경(近景)에서
원경(遠景)에 이르는 세부 경물들을 아래에서 위로 쌓아 올린 듯한 구축적인 구성을 보이
는 점 등이 그 특징에 해당한다.

그러나 〈헌종태봉도〉에 이르면, 이러한 전통적인 산도식 요소는 더 이상 나타나지 않
는다. 개화식 혹은 외반식 구성도 배제되어 있고, 실경을 조망한 합리적인 시점과 투시법
이 보다 강조되어 있다(圖 4). 따라서 19세기 중엽 이후의 태봉도는 부분적으로 산도의 전
통을 따르면서도 그 전형의 형식으로부터 벗어나기 시작하여, 실경에 대한 현장성과 사
실성(寫實性)을 강화해 가는 현상을 예시한다. 이러한 점으로 미루어볼 때 산도에서는 풍
수적 요건과 명당의 지세(地勢)를 간략하게 표현하는 것이 중요하지만, 태봉도에서는 길
지의 요건을 갖춘 태실의 구체적인 묘사와 지형적인 사실성의 표현을 보다 중요한 관건
으로 삼았음을 알 수 있게 된다.

명당적 요소의 표현

태봉도에는 실제 태실의 지형이 취한 명당적 요소들이 함축적으로 재현되어 있다. 그러
나 여기에서 먼저 주목해야 할 점은 태봉도에 적용된 명당의 조건이 풍수설(風水說)과 오
행론(五行論)으로 설명되는 능묘(陵墓)의 예와는 다르다는 점이다. 여러 문헌기록에 나타
난 태봉의 명당적 요건을 살펴보면, 능묘의 풍수적 조건과는 다른 기준이 적용되었음을 알
수 있다. 이는 또한 전국각지에 산재한 태실의 실경과 태봉도의 도상으로도 확인되는 매우
중요한 특징이다. 먼저 태실이 취할 수 있는 명당의 조건은 다음의 3가지로 요약된다.

첫째, 들판 가운데 위치한 둥근 봉우리와 같은 지형[27]
들째, 산 정상에 주산(主山)의 릉선과 연결되는 내맥(來脈)이 없어야 하며, 좌우의 용

27. 『顯宗改修實錄』 卷22,
顯宗 11年(1670) 3月 丙
子(19日)條. "安胎하는 제
도는 古禮에는 보이지 않
는데, 우리나라에서는 반
드시 들판 가운데의 둥근
봉우리를 선택하여 그 위
에다가 태를 묻어 보관하
고 胎峰이라고 하였다. 그
리고 그 곳에 표식을 하여
농사를 짓거나 나무를 하
는 것을 금지하기를 園陵
의 제도와 같이 하였다."

호(龍虎)를 마주볼 수 있는 지형[28]

둘째, 반듯하고 우뚝 솟아 위로는 공중을 받치는 듯한 형세의 지형[29]

이 요건들을 종합해 보면, 태봉의 입지(立地)는 산맥이 연결된 높은 봉우리가 아닌 들판과 같은 평지에 우뚝 솟은 반구형(半球形)의 지대였음을 시사한다.[30] 이러한 명당의 기준은 태봉도가 산도와 다른 조건의 도상으로 그려질 수밖에 없는 결과를 낳게 하는데, 본고에서 살펴볼 3종의 태봉도에서도 공통적으로 나타나 있다.

〈장조태봉도〉에 그려진 장조[경모궁] 태실과 그 뒤편에 위치한 문종의 태실을 자세히 살펴보면, 각각 복발형(覆鉢形)의 언덕 위에 위치한 명당적 요건을 갖춘 형태로 표현되었다(圖 2-1). 그러나 전체적인 산수의 형세와 구성은 앞서 살펴보았듯이 산도식 도상에 준해 있다(圖 2). 산의 외곽에 방위법(方位法)을 적용하여 그린 듯한 구성과 태봉 주변의 능선이 대열을 이루며 중첩된 형세를 취한 점이 그것이다. 따라서 〈장조태봉도〉에는 그 지형을 쉽게 이해하기 위해 풍수적 요건을 도해한 산도식 도상을 적용하면서도 태봉도로서 갖추어야 할 특징이 한 화면에 절충되어 있는 것으로 파악된다. 그런데 이러한 산도의 풍수적 요건은 〈순조태봉도〉에서는 그 비중이 다소 약화되어 있어 태봉도가 산도의 도상에서 태봉의 길지적 요건을 갖춘 도상으로 변화해 가는 과정을 설명해 준다. 여기에서 보다 중요한 것은 전체적인 지세는 산도식 도상과 유사하더라도 태실의 지형이 그 명당적 요건을 충실히 갖추고 있는가 하는 점이다.

이러한 태실의 명당적 요건을 그린 도상은 〈순조태봉도〉와 〈헌종태봉도〉에 구체적으로 잘 나타나 있다(圖 3·4). 태실은 둥그런 복발형의 언덕 위에 그려 놓았고, 그 주변인 태실의 앞뒤에는 빈 공간을 두어 다른 지세와 분리된 장소로서의 특징을 대비시켰다. 태실이 위치한 복발형(覆鉢形)의 언덕은 묘사를 많이 하지 않았고, 태실 석물이 있는 부분은 그 뒤편에 겹치는 배경 부분을 비워 놓음으로써 시선을 집중시키는 효과를 유도하였다. 태봉도에서는 이처럼 태실의 위치와 표현에 가장 큰 비중을 두고 있음을 엿 볼 수 있다. 또한 태봉도의 좌우 형세를 보면 좌청룡(左靑龍), 우백호(右白虎)의 지형을 고려하였음도 구체적으로 눈에 띤다. 〈순조태봉도〉와 〈헌종태봉도〉는 이러한 태실의 명당적 조건이 충실히 적용된 사례로써 태봉도가 산도와 다른 특징이 무엇인가를 분명히 예시해 주고 있다.

실지형(實地形)의 반영과 표현

태봉도는 태실의 모습을 시각적 도상으로 전달하기 위한 그림이므로 어떤 방법으로든 태실이 위치한 장소와 주변 경관에 근거한 묘사가 이루어져야 한다.

28. 『胎封謄錄』, 顯宗 3年 (1662) 2月 1日, "무릇 태봉은 산 정상에 來脈이 없는 곳이며, 龍虎를 마주보는 곳을 써야 한다(凡胎峯例用於山頂 元無來 龍虎案對 看擇之事(後略)"

29. 『世宗實錄』 卷74, 世宗 18年(1436), 8월 辛未 (8日)條, "陰陽學을 하는 鄭秧이 글을 올리기를, (中略) 그 좋은 땅이란 것은 땅이 반듯하고 우뚝 솟아 위로 공중을 받치는 듯 하여야만 길지吉地가 된다."

30. 윤석인, 앞의 論文, p. 103 참조.

단종의 태봉, 경북 성주

선조의 태봉, 충남 부여

헌종의 태봉, 충남 예산

【圖4-2】〈憲宗胎封圖〉의 胎室 부분

또한 이곳이 태실이 위치한 명당임을 알 수 있도록 명당이 취한 조건까지도 도상으로 설명해 줄 수 있어야 한다. 이러한 점에서 태실이 위치한 장소의 실제 지형이 태봉도에 어떻게 반영되었는가를 살펴보는 것은 반드시 필요한 과정이다.

먼저 살펴볼 〈순조태봉도〉에서 실제 지형을 참고하여 그린 것으로는 화면 아래에 있는 법주사(法住寺)의 모습이나(圖 3-2) 속리산(俗離山) 내의 산간계곡, 그리고 그 사이에 그려 넣은 암자(庵子) 등을 들 수 있다(圖 3). 그러나 속리산의 전체 경관을 한정된 화면에 담은 결과 전체적인 형세의 표현은 적절하지만, 세부적인 실경의 묘사는 제한적일 수 밖에 없다. 따라서 실경의 표현은 화면에서처럼 비중 있는 경물이나 지형의 상대적인 위치만을 고려하여 나타낼 수 밖에 없게 된다. 특히 화면의 아래에 있는 법주사는 전체화면에서 태실 다음으로 매우 비중 있게 그려져 있어, 그 자체로 법주사의 건물 배치나 가람구조(伽藍構造)를 이해하는데 도움을 준다. 화면 좌측 아래의 금강문(金剛門)을 비롯하여 당간지주(幢竿支柱), 사리각(舍利閣), 행랑(行廊), 팔상전(八相殿) 등을 비롯한 법주사의 전체 가람 배치가 한 눈에 들어온다(圖 3-2).[31] 이처럼 대표적인 경물들은 상당부분 비중 있게 그려 놓았다.

또한 〈순조태봉도〉는 속리산 내에 위치한 주요 암자들까지 의도적으로 그려 넣은 것으로 이해된다. 대표적인 한 예가 태실의 좌측 상단에 있는 한 쌍의 부도탑(浮屠塔)이다. 이는 복천암(福泉庵) '수암화상탑(秀庵和尙塔)'(圖 14)과 '학조등곡화상탑(學祖燈谷和尙塔)'을 그린 것으로 두 개의 부도가 나란히 위치해 있는 실제 모습과의 비교를 통해 확인할 수 있다.[32] 이외에도 화면 좌측 상단에 넓은 바위면을 그린 것은 문장대(文藏臺)를 묘사한 것으로 보인다(圖 3-3).

31. 법주사의 가람배치의 변천을 참고할 수 있는 도면자료에 대해서는 최현각 외, 『법주사』(대원사, 1994), pp. 46~49.

32. 福泉庵은 1735년(영조 11)에 卓融이 중창하였다(최현각 외, 위의 책, pp. 79~83 참조).

이렇듯 속리산을 총도 형식으로 구성한 점과 그 중에서도 태실을 강조한 점, 그리고 법주사의 전경(全景) 또한 태실과 거의 같은 비중을 두어 그린 점은 실제 경물을 부각시켜 묘사한 예로서 주목된다. 이는 이 그림을 그린 화가(畵家)가 이곳의 지리적 구조와 지형을 잘 알고 있는 상태에서 그린 것으로 추측된다. 특히 법주사를 자세히 그린 점으로 미루어 볼 때, 이 그림의 화가가 법주사 인근에 거주한 화승(畵僧)으로 짐작케 하는 여지를 남겨준다.

그러나 다음에 살펴볼 〈헌종태봉도〉는 〈순조태봉도〉와는 전혀 다른 시점(視點)과 화면구성을 보여 눈길을 끈다(圖 4). 〈헌종태봉도〉는 태실의 위치를 화면의 정 중앙에 두었다. 부감법으로 넓은 시야를 조망한 점은 앞의 두 예와 같지만, 외반형이나 개화식 구성을 취하지 않았고 실경을 보는 듯한 자연스러운 시점(視點)을 적용한 것이 앞의 예와 다른 가장 큰 차이점이다(圖 4-2). 화면의 가운데 위치한 태실과 언덕, 그리고 태실 주변 산들의 묘사도 좌우의 균형을 이루고 있어, 태실이 갖추어야 할 명당적 조건이 고려되어 있음을 암시한다. 즉 산도의 풍수적 요건을 대입시킨 도상과는 전혀 다른 구성을 취하면서도 태봉도로서의 명당적 요건을 충실히 담고 있는 것이다. 회화사적으로 볼 때, 〈헌종태봉도〉는 18세기 이후 진경산수화(眞景山水畵)의 유행에 힘입어 활발히 제작된 회화식(繪畵式) 지도가 이와 같은 태봉도의 형식과 화풍에도 많은 영향을 미쳤다고 볼 수 있다.[33]

이러한 실경의 표현과 관련하여 좀더 구체적으로 살펴볼 부분은 석물이 가봉된 태실의 도상이다. 석물 가봉이 이루어진 태실의 모습은 장서각 소장 3점의 태봉도에서 공통적으로 강조되어 있다. 일반적으로 태실에 태를 봉안하고 나면 1보 가량 떨어진 곳에 탄생일과 태를 안장(安藏)한 날짜가 陰刻된 태실비[阿只碑]를 세웠다. 이후 태실의 주인공이 왕위에 오른 뒤에는 이 곳을 석물로 가봉하였다. 이와 같이 가봉된 태실의 형태는 승려의 사리탑(舍利塔)인 부도와 비슷한 모양을 취하였는데,[34] 이러한 예는 순조태실의 현상을 통해서도 구체적으로 확인 할 수 있다. 기존의 태실에 사각(四角)의 하대석(下臺石)을 놓고 그 위에 둥근 구형의 중동석(中童石)을 놓은 다음 보주(寶珠)가 조각된 팔각의 옥개석(屋蓋石)을 얹어 석실을 만들었다. 그 주위에는 바닥 돌을 깔았고, 호석(護石) 난간으로 8각의 돌난간을 둘러놓았다. 태실 앞에 세운 태실비는 거북 모양의 받침돌과 용을 새긴 머릿돌을 갖춘 형태이다. 이러한 요소는 석물이 가봉된 다른 태실에서도 일반적으로 볼 수 있는 특징이다.

그러나 장서각 소장 태봉도 3점의 석물 도상에는 석난간(石欄干)과 중동석(中童石)이 좌우대칭형으로 그려져 있으며, 그 앞에 있는 귀부(龜趺)와 비면(碑面)의 구조 또한 대동소이한 모습으로 그려졌다. 이러한 특징으로 미루어 볼 때, 석물의 도상은 석난간조배 의궤(儀軌)의 배설도(排設圖) 도상과 유사한 점이 많다. 일예로 『[순조]태실석난간조배의궤』의 뒤편에 수록한 〈난간석조작도(欄干石造作圖)〉와 〈난간배설도(欄干排設圖)〉는 석물의 구조를 부분별로 알기 쉽게 도해하여 그린 것으로, 석물 도상의 세부구조와 명칭, 그리고 전체의 모습을 이해하는데 참고가 된다.

欄干石造作圖

＊聖上胎室加封石欄干造排儀軌, 1冊(10張) 圖 筆寫本 83.6×38.4(규13973)

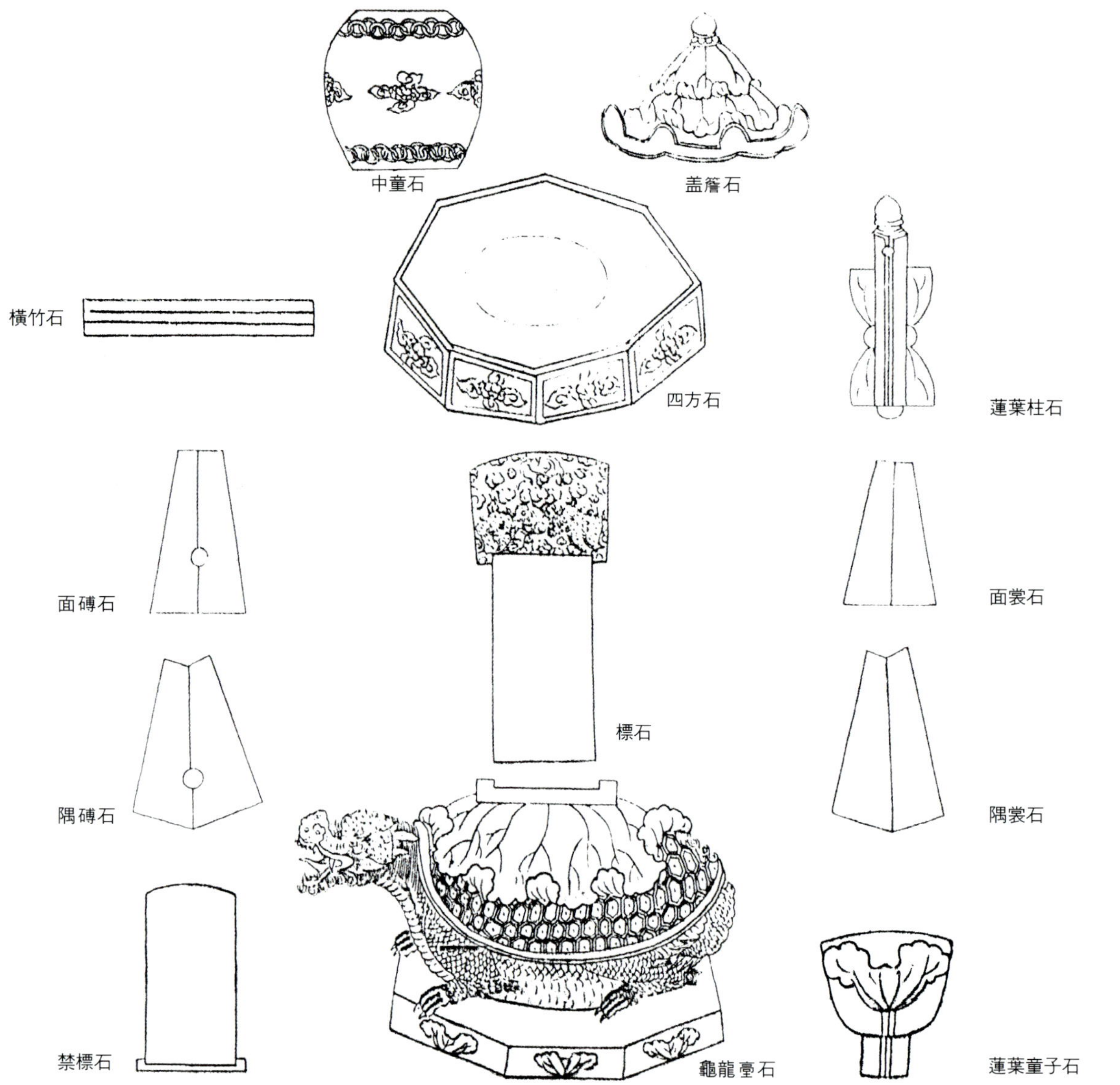

中童石
盖簷石
橫竹石
四方石
蓮葉柱石
面磚石
標石
面裳石
隅磚石
隅裳石
禁標石
龜龍臺石
蓮葉童子石

헌종 태실

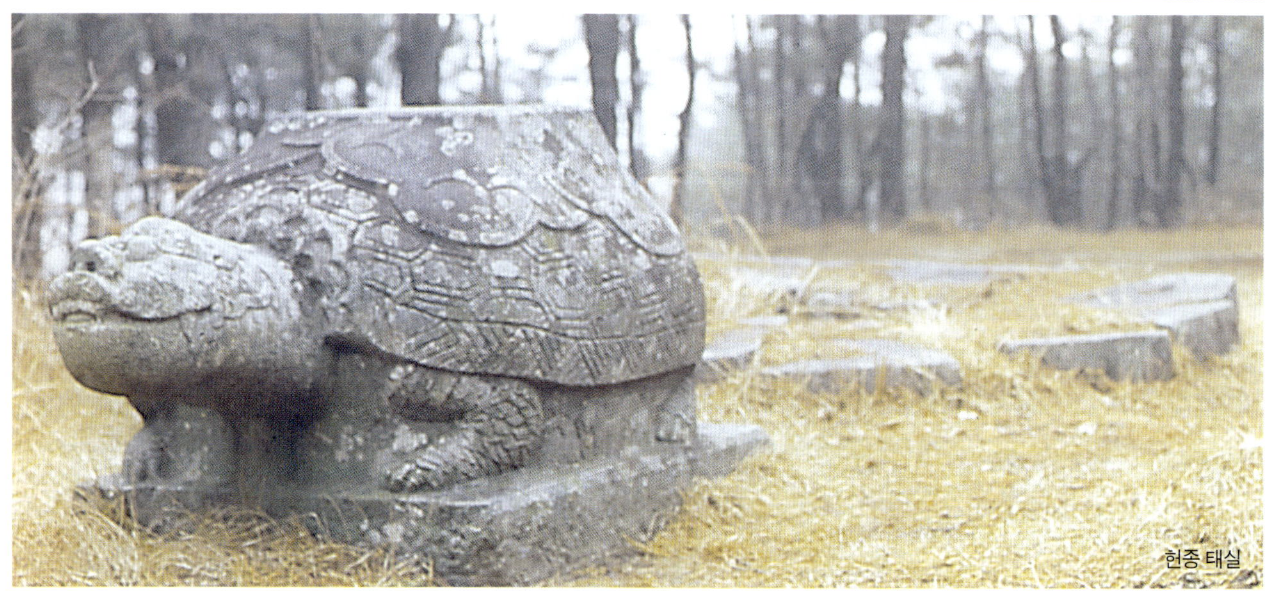

헌종 태실 盖簷石

헌종 태실 中童石

본고에서 다룬 태봉도는 태실에 석물을 가봉한 직후에 제작한 것이지만, 석물가봉 의궤에는 태봉도에 대한 사실이나 태봉도를 그린 화가에 대한 기록을 남기지 않았다. 다만 여러 정황을 고려해 볼 때, 태실을 조성한 지역에서 활동하던 화가가 그렸을 가능성이 높다고 생각된다. 예컨대 태실의 가봉과 관련된 위궤 가운데, 『순조석난간조배의궤(純祖石欄干造排儀軌)』의 「공장질(工匠秩)」에는 당시 석물 도안에 동원된 화원을 '尙州 僧 世衍'으로 기록해 두었고,[35] 『성상[헌종]태실가봉석난간조배의궤』(7면)에는 '화원(畵員) 덕산(德山) 박기묵(朴基默)'의 이름이 적혀 있다.[36] 이들의 이름 앞에 출신지역이 적혀 있는 것으로 볼 때, 지방에 거주하는 장인들이었음을 알 수 있다. 이처럼 장인들 중에는 서울에서 내려간 인원도 있지만, 그 지역에서 구하여 쓰기도 하였으므로 태봉도의 경우도 이 지역의 지리에 밝은 화승(畵僧)이나 지방화가가 그렸을 가능성이 매우 크다고 하겠다.

특히 〈장조태봉도〉와 〈순조태봉도〉는 화승이 참여하여 그린 것으로 짐작해 볼 수 있다. 〈장조태봉도〉의 봉명사(鳴鳳寺)와 〈순조태봉도〉의 법주사(法住寺)가 비중 있게 그려진 점 또한 이러한 추정을 뒷받침해 준다. 따라서 화승을 비롯한 지방화가의 역량을 고려할 때, 당시 중앙화단의 대표적인 화원(畵員)들보다는 다소 표현방법이나 완성도가 부족하다고 볼 수 있다. 따라서 본고에서 살펴본 태봉도의 수준을 그 당시의 보편적인 화풍의 면모를 반영한 것으로 보기는 어려울 듯하다. 그러나 예외적으로 〈헌종태봉도〉는 앞에서 살펴본 바와 같이 19세기의 화가인 유숙(劉淑, 1827~1873)의 화풍과 유사한 점이 주목되어, 19세기 중앙화단의 화풍을 인지하고 있는 기량이 뛰어난 화가의 그림으로 추정해 볼 수 있다.

V. 맺음말

이상에서 장서각 소장의 태봉도 3점을 중심으로 태실의 조성과 석물 가봉의 사실, 그리고 태봉도의 도상과 화풍의 특징을 중점적으로 살펴보았다. 태봉도는 석물이 단장된 왕의 태실을 그려 왕실에 올렸던 그림으로써 왕가의 사적(事蹟)을 그린 기록화의 한 형식이자 왕실수장 회화의 또 다른 유형과 성격을 예시해 주는 자료라 할 수 있다.

장서각에 소장된 〈장조태봉도〉(1785), 〈순조태봉도〉(1806) 그리고 〈헌종태봉도〉(1847) 등의 3점은 『봉모당봉장서목』에 기록되어 있어, 구한말까지 왕실서고에 소장되었던 내력을 알 수 있었다. 그러나 17세기 이전의 태봉도에 대해서는 기록과 실례가 전하지 않아 다룰 수 없었으며, 다만 정조대 이후 헌종대에 한하여 태실의 석물가봉시에 태봉도

35. 『[純祖]胎室石欄干造排儀軌』(1806, 奎13968), 8面.

36. 『聖上胎室加封石欄干造排儀軌』(1847, 奎13973), 8面.

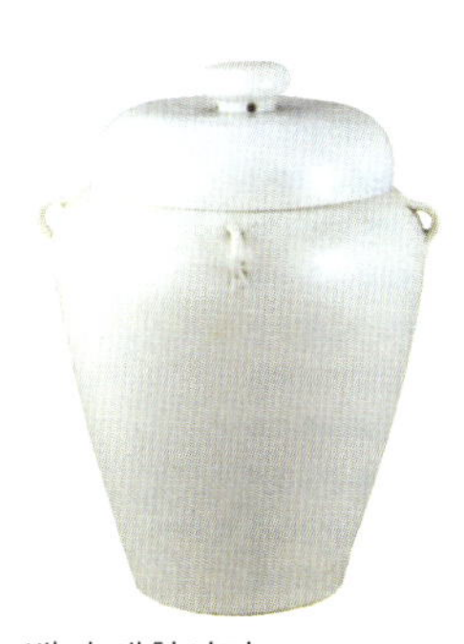

백자 태항아리
궁중유물전시관 소장

가 그려진 사실만을 확인 할 수 있었다.

태봉도의 기능은 석물이 가봉된 태실의 모습과 태실이 위치한 길지(吉地)의 형세를 도상으로 기록하여 열람할 수 있게 하고, 왕실 사적에 대한 기록물로 전하게 하는 것이었다. 이러한 측면은 왕실의 능묘를 그린 산도식(山圖式) 지형도와도 유사한 성격을 지닌다. 그러나 이 3점의 태봉도는 어느 정도 전형(典型)에 준해 있지만, 제작시기에 따라 도상과 화풍의 변화가 뚜렷이 나타난 점이 주목된다. 따라서 도상의 변화에 따른 양식적 고찰과 도상의 결정 방식에 대한 검토가 요구된다고 하겠다. 이를 위해 이 논문에서는 3점의 태봉도를 제작시기에 따른 시간의 연속선상에 올려놓고 도상과 화풍의 변화가 어떻게 진행되는 가를 파악하는데 중점을 두었다.

장서각 소장의 태봉도 3점을 비교해 보면, 초기에는 기존의 산도식 지형도의 전통을 따랐지만, 차츰 그 전형의 형식으로부터 벗어나 실경적(實景的) 요소가 강화되고, 지형도와 절충된 양상을 띠게 됨을 파악하였다. 구체적으로 〈장조태봉도〉는 총도(總圖) 형식의 구성과 부감법(俯瞰法)의 적용, 그리고 산도에서 보이는 개화식(開花式) 구성이 나타나지만, 〈순조태봉도〉에서는 산도식 요소가 약화되고 실경에 대한 이해와 표현이 강조됨을 볼 수 있었다. 또한 〈헌종태봉도〉에서는 실경도(實景圖)로서의 면모를 띠고 있어 종래의 지형도와는 다른 진전된 회화 양식을 살필 수 있었다.

이는 태봉도가 18세기 전반기에 산도식 도상으로 이해되었다가 차츰 산도와 다른 특성에 대한 이해가 커짐으로써 가능했던 결과라 생각된다. 여기에서 태봉도가 산도식 지형도와 다른 점은 복발형(覆鉢形)의 지형을 명당(明堂)의 기준으로 채택한 점과 태실의 구체적인 묘사가 이루어 진 점을 들 수 있다. 이러한 변화는 18~19세기에 한정된 것이지만, 동시대 회화의 수준과 동향을 직접 반영한 도상이라고 볼 수는 없을 듯하다. 화가 개인의 기량에 따른 차이가 변수로 작용될 수 있기 때문이다.

그럼에도 불구하고 3점의 태봉도에는 일관된 변화의 패턴이 나타나 있음이 무엇보다 주목된다. 따라서 태봉도는 지형도의 도상보다 실경의 장면성과 회화성(繪畵性)을 강조하여 한 단계 진전시킨 형식이며, 기존의 산도와 같은 지형도에서 언급되지 못했던 부분을 해결하고 있다는 점에서 회화사적으로 중요한 의의를 갖는다.